Pawlik · Personalmanagement und Auslandseinsatz

Thomas Pawlik

Personalmanagement und Auslandseinsatz

Kulturelle und
personalwirtschaftliche Aspekte

unter Mitarbeit von Andreas Pawlik

GABLER

Prof. Dr. Thomas Pawlik ist Direktor des Instituts für Internationale Betriebswirtschaftslehre der Fachhochschule Kiel und verfügt über mehrjährige Erfahrung im Bereich des internationalen Personalmanagements von Dienstleistungs- und Industrieunternehmen.

Die Deutsche Bibliothek – CIP-Einheitsaufnahme
Ein Titeldatensatz für diese Publikation ist bei der Deutschen Bibliothek erhältlich.

Alle Rechte vorbehalten

© Betriebswirtschaftlicher Verlag Dr. Th. Gabler GmbH, Wiesbaden 2000
Lektorat: Jutta Hauser-Fahr / Ulrike Lörcher

Der Gabler Verlag ist ein Unternehmen der Fachverlagsgruppe BertelsmannSpringer.

Das Werk einschließlich aller seiner Teile ist urheberrechtlich geschützt. Jede Verwertung außerhalb der engen Grenzen des Urheberrechtsgesetzes ist ohne Zustimmung des Verlages unzulässig und strafbar. Das gilt insbesondere für Vervielfältigungen, Übersetzungen, Mikroverfilmungen und die Einspeicherung und Verarbeitung in elektronischen Systemen.

http://www.gabler.de

Höchste inhaltliche und technische Qualität unserer Produkte ist unser Ziel. Bei der Produktion und Verbreitung unserer Bücher wollen wir die Umwelt schonen. Dieses Buch ist auf deshalb säurefreiem und chlorfrei gebleichtem Papier gedruckt. Die Einschweißfolie besteht aus Polyäthylen und damit aus organischen Grundstoffen, die weder bei der Herstellung noch bei der Verbrennung Schadstoffe freisetzen.

Die Wiedergabe von Gebrauchsnamen, Handelsnamen, Warenbezeichnungen usw. in diesem Werk berechtigt auch ohne besondere Kennzeichnung nicht zu der Annahme, dass solche Namen im Sinne der Warenzeichen- und Markenschutz-Gesetzgebung als frei zu betrachten wären und daher von jedermann benutzt werden dürften.

ISBN 978-3-409-11484-4   ISBN 978-3-322-93011-8 (eBook)
DOI 10.1007/978-3-322-93011-8

Vorwort

Für einen Großteil von Führungs- und Führungsnachwuchskräften gehört eine rein nationale Karriere der Vergangenheit an. Berufliche Erfahrung im in- und außereuropäischen Ausland wird in einigen Unternehmen zur Voraussetzung für höhere Managementpositionen erklärt. Das Thema „Mitarbeiter im Auslandseinsatz" ist gegenüber dem national orientierten Personalmanagement ungleich komplexer und aufgrund der interkulturellen Überschneidungssituationen auch ein Feld, das ein hohes Maß an Sensibilität im Umgang mit anderen Kulturen erfordert.

Mit Unterstützung einer durchgängigen Fallstudie werden in diesem praxisorientierten Lehrbuch sowohl die personalwirtschaftlichen Gesichtspunkte des Auslandseinsatzes, als auch die kulturellen Aspekte des Auslandsaufenthaltes thematisiert und Wege für praktikable Lösungen aufgezeigt.

Um meine eigene Perspektive des „Personalmenschen" und Hochschullehrers zu entzerren, habe ich meinen Bruder Andreas Pawlik gebeten, an diesem Buch mitzuarbeiten, da er über mehrjährige Auslandserfahrung als Manager im asiatischen Raum verfügt. Die so realisierte Erweiterung der Sichtweisen zum Thema Internationales Personalmanagement hat sich im Verlaufe der Arbeit an diesem Buch als sehr fruchtbar herausgestellt.

Ein großes Dankeschön geht erneut an meine Frau Corrie und an meine Schwester Britta, die sich beide nun bereits zum wiederholten Male durch meine Manuskripte „gequält" haben und stets wertvolle Anregungen geben. Ich bedanke mich ferner für die ausgezeichnete Unterstützung bei Anke Schüschke, Inga Senff, Dr. Lutz Wisser sowie bei allen Teilnehmerinnen und Teilnehmern meiner „Comparative Management" Seminare, von denen ich so manchen Denkanstoß bekommen habe. Schließlich danke ich Ulrike Lörcher für die wiederum außerordentlich professionelle Unterstützung seitens des Gabler Verlages.

Aus Effizienz- und Effektivitätsgründen wurden englischsprachige Zitate weitestgehend nicht übersetzt; bei der Verwendung deutschsprachiger Zitate habe ich mir erlaubt, diese den Regeln der neuen Rechtschreibung anzupassen. Ich hoffe, die jeweiligen Autoren verzeihen mir diese „Verfälschung".

Die in den Fallstudien beschriebenen Personen sind fiktiv, jede Ähnlichkeit mit lebenden oder verstorbenen Personen wäre rein zufällig.

Ich widme dieses Buch unseren Kindern Finja, Lucas und Jonas.

Thomas Pawlik

Inhaltsverzeichnis

Vorwort		V
Abbildungsverzeichnis		XI
Tabellenverzeichnis		XII
Abkürzungsverzeichnis		XIII
1. Einführung		**1**
1.1	Themenabgrenzung und Begriffsbestimmungen	1
1.2	Der „HR-Cycle" als Bezugsrahmen	3
2. Personalauswahl für internationale Einsätze		**7**
2.1	Gründe für den internationalen Einsatz	7
2.2	Anforderungsprofile als Hilfsmittel zur Personalauswahl	12
2.3	Alternativen der Personalbeschaffung	16
	2.3.1 Interne Beschaffung	17
	2.3.1.1 Personalnachfolgeplanung im internationalen Unternehmen	17
	2.3.1.2 Interne Stellenausschreibungen	18
	2.3.2 Externe Beschaffung	19
	2.3.2.1 Personalsuche durch soziale Netzwerke	19
	2.3.2.2 Personalberater	20
	2.3.2.3 Mediengestützte Personalsuche	21
2.4	Auswahlverfahren	23
	2.4.1 Auswahlgespräch	25
	2.4.2 Assessment-Center	26
	2.4.3 Das Mengenproblem bei der Auswahl	29
2.5	Der Abschluss des Arbeitsvertrages für den Auslandseinsatz	31
	2.5.1 Arbeitsvertrag	33
	2.5.2 Arbeitsrechtsschutz	33
	2.5.3 Sozialversicherung	34
	2.5.4 Zusatzversicherungen	36
	2.5.5 Besteuerung	37
	2.5.6 Betriebsrat	39

		2.5.7 Sonstige Einzelaspekte des Versetzungsvertrages	40
		2.5.8 Vertragliche Situation nach der Rückkehr	42

3. Die Vorbereitung auf den Auslandseinsatz ... 43

3.1	Informationsorientierte Vorbereitung	43
3.2	Kulturorientierte Vorbereitung	44
3.3	Praktische Ausreisevorbereitung	50

4. Leistung = Können * Wollen * Dürfen ... 53

4.1	Determinanten des „Könnens"	53
	4.1.1 Psychische und physische Aspekte	54
	4.1.2 Einführung neuer Mitarbeiter im Ausland	57
4.2	Determinanten des „Wollens"	59
	4.2.1 Motivierung vs. Motivation	59
	4.2.2 Die Rolle des familiären Umfeldes	64
4.3	Determinanten des „Dürfens"	67
	4.3.1 Führung im fremden Umfeld	67
	4.3.2 Interkulturelle Arbeitsgruppen	77

5. Beurteilung ... 83

5.1	Funktion der Beurteilung	84
5.2	Beurteilung im interkulturellen Kontext	85
5.3	Beurteilungsfehler	88

6. Anreize ... 89

6.1	Ziele und Arten von Vergütungssystemen für Expatriates	90
6.2	Die Nettovergleichsrechnung	93
	6.2.1 Der Entgeltwert der Auslandsstelle	94
	6.2.2 Der Kaufkraftausgleich	96
	6.2.3 Die Mobilitätszulage	97
	6.2.4 Die Erschwerniszulage	99
	6.2.5 Beispiel zur Nettovergleichsrechnung	101

7. Personalentwicklung (PE) ... 105

7.1	Ziele der PE	106
	7.1.1 Ziele des Unternehmens	106
	7.1.2 Ziele der Mitarbeiter	107

7.2	PE-Maßnahmen	111
7.3	PE-Maßnahmen während des Auslandseinsatzes	112

8. Beendigung des Auslandseinsatzes ... **115**

8.1	Beendigungsgründe	116
8.2	Problemfelder bei der Rückkehr	117
8.3	Lösungsansätze zur Bewältigung der Rückkehrprobleme	120

9. Organisation des internationalen Personalmanagements ... **123**

9.1	Aufgaben des internationalen Personalmanagements	124
9.2	Anforderungen an das internationale Personalmanagement	125
9.3	Gestaltungsmöglichkeiten des internationalen Personalmanagements	130

Literatur- und Quellenverzeichnis ... **133**

Stichwortverzeichnis ... **143**

Abbildungsverzeichnis

1-1:	Die Wertschöpfungskette nach Porter	2
1-2:	Human Resource Cycle	4
2-1:	Stellenangebote für den Auslandseinsatz	22
4-1:	Motivationstheorien nach Maslow und Herzberg	60
4-2:	Führung als wechselseitiger Einflussprozess	70
4-3:	Der Kommunikationsprozess	73
4-4:	Phasen der Teamentwicklung	79
5-1:	Modell internationaler Leistungsbeurteilung	87
6-1:	Gehaltsvergleich	91
6-2:	Anforderungsarten (Genfer Schema)	95
7-1:	Systematik von Personalentwicklungsmaßnahmen	111
8-1:	Prozessmodell der Reintegration	118
8-2:	Unterstützung bei der Wiedereingliederung	120
9-1:	Expatriate International Career Cycle	124
9-2:	Organisation des internationalen Personalmanagements	130

Tabellenverzeichnis

2-1:	Stellenbesetzung nach dem EPRG-Modell	10
2-2:	Ziele des Auslandseinsatzes	11
2-3:	Gütekriterien für Auswahlinstrumente	24
2-4:	Auswahlverfahren für den internationalen Personaleinsatz	24
2-5:	Interkulturelles Assessment-Center	28
2-6:	Fragen zum Arbeitsvertrag bei Versetzung ins Ausland	32
2-7:	Fortführung der deutschen Sozialversicherung	35
2-8:	Zusatzversicherungen bei Versetzung ins Ausland	37
2-9:	Ausgewählte Einzelaspekte des Versetzungsvertrages	40
3-1:	The Elements of Culture	45
3-2:	Beispiele für Kulturdimensionen	47
4-1:	Gesundheitsrisiken	56
4-2:	Sicherheitsmaßnahmen für Expatriates	62
4-3:	Loyalitätsformen von Expatriates	63
4-4:	Europäische Führungsstile	69
4-5:	Erwartetes Führungsverhalten	72
5-1:	Beurteilungsfehler	88
6-1:	Lokale Kaufkraftentwicklung	97
6-2:	Hardship Differentials	100
6-3:	Erschwerniszulagen nach dem Human Development Index	101
7-1:	Personalentwicklungsziele der Mitarbeiter	109
8-1:	Varianten der Erwartungsenttäuschung bei Auslandsrückkehrern	119
9-1:	Kostenarten des Expatriatemanagements	128

Abkürzungsverzeichnis

ABB	Asea Brown Boveri
BfF	Bundesministerium für Finanzen
CIA	Central Intelligence Agency
DBW	Die Betriebswirtschaft
DCC	Double Career Couple
DGFP	Deutsche Gesellschaft für Personalführung
DGVN	Deutsche Gesellschaft für die Vereinten Nationen e.V.
DPA	Deutsche Presseagentur
ECA	Employment Conditions Abroad Ltd.
EPRG	Ethno-, Polyo-, Regio-, Geozentrisch
FT	Financial Times
HDI	Human Development Index
HR	Human Resources
IFIM	Institut für interkulturelle Managementforschung
IT	Informationstechnik
m.w.N.	mit weiteren Nachweisen
PE	Personalentwicklung
SGD	Singapur Dollar
ST	The Sunday Times
StBA	Statistisches Bundesamt
T.P.	Verfasseranmerkungen bei wörtlichen Zitaten
UBS	Schweizerische Bankgesellschaft
VW	Volkswagen
WiSt	Wirtschaftswissenschaftliches Studium

1. Einführung

1.1 Themenabgrenzung und Begriffsbestimmungen

Betriebliche Personalarbeit hat in den zurückliegenden fünf Jahrzehnten in den meisten marktwirtschaftlich strukturierten Industrieländern einen stetigen Bedeutungswandel erfahren. Während bis in die sechziger Jahre hinein in vielen Unternehmen der Personalverwaltungsaspekt dominierte, setzte ab ca. 1960 die sogenannte „Institutionalisierungsphase" der Personalarbeit ein, die in größeren Unternehmen vor allem durch die Einrichtung selbständiger Personalabteilungen mit verantwortlichen Personalleitern[1] charakterisiert war. Ab ca. 1970 gewann insbesondere die Personalbetreuung sowie die Personalentwicklung (inklusive Aus- und Weiterbildung) an Relevanz, ein zusätzlicher Themenschwerpunkt betrieblicher Personalarbeit jener Zeit war die Humanisierung der Arbeitsplätze. In den achtziger Jahren, während der sogenannten „Ökonomisierungsphase", fokussierten sich viele Personalmanager dann auf die Aspekte Rationalisierung von Personalfunktionen, Entbürokratisierung, Dezentralisierung, Generalisierung und Flexibilisierung. Seit ca. 1990 hält der Gedanke der Humanressourcen endgültig Einzug in die Personalabteilungen, primäres Ziel des Personalmanagements ist es, durch geeignetes managen der wichtigsten Unternehmensressource „Mitarbeiter" Wertschöpfung („added value") zu schaffen.[2] Abbildung 1-1 verdeutlicht die Querschnittsfunktion des Personalmanagements in der Wertschöpfungskette.

Schon durch die direkte Vernetzung mit allen anderen betrieblichen Funktionen und die in der Aussage so simple, aber in der Bewerkstelligung so schwierige Tatsache, dass es bei der Personalarbeit um Menschen geht, zeigt, dass es sich beim Personalmanagement um einen äußerst sensitiven Bereich handelt, der durch die zwingend zu beachtenden vielfältigen externen Einflussfaktoren (z.B. Arbeits-, Sozial- und Steuerrecht) einen außerordentlich hohen Grad an Komplexität aufweist. Dieser ohnehin schon hohe Komplexitätsgrad des Personalmanagements nimmt naturgemäß noch deutlich zu, sobald die Landesgrenzen „überschritten" werden und aus dem nationalen ein internationales Personalmanagement wird.

Gegenstand des internationalen Personalmanagements ist zum einen die Personalarbeit in ausländischen beziehungsweise für ausländische Unternehmenseinheiten (z.B. Toch-

---

[1] Im Folgenden werden Begriffe wie Leiter, Teilnehmer, Mitarbeiter etc. ausschließlich im hermaphroditischen Sinne verwandt; gemeint sind dementsprechend auch Leiterin, Teilnehmerin, Mitarbeiterin etc.

[2] vgl. Wunderer (1993, 3 f.)

tergesellschaften von Konzernen), zum anderen der Einsatz von Mitarbeitern im Ausland. Die Ausführungen des vorliegenden Buches beschränken sich im wesentlichen auf den zuletzt genannten Aspekt.

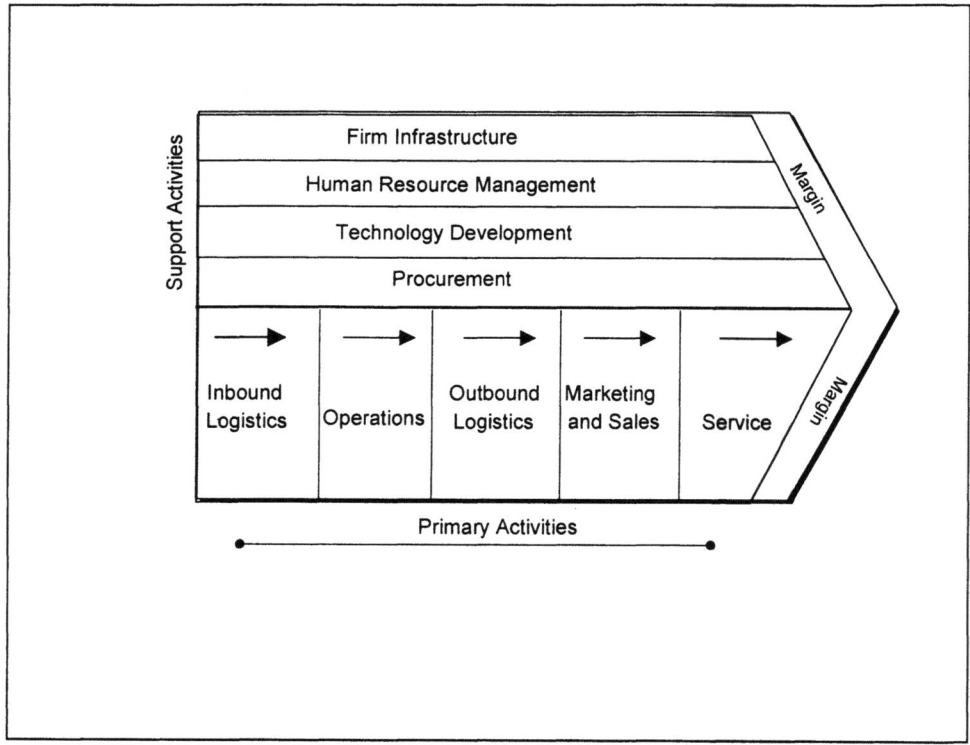

Abbildung 1-1: Die Wertschöpfungskette nach Porter. Quelle: modifiziert aus Holt (1998, 217 m.w.N.)

Hinsichtlich des zeitlich befristeten Auslandseinsatzes von Mitarbeitern wird regelmäßig folgende Differenzierung vorgenommen: [1]

- Auslandseinsatz bis zu drei Monaten: Abwicklung als **Dienstreise**.
- Auslandseinsatz länger als drei und bis zu zwölf Monaten (z.B. Montagetätigkeiten, Projektaufgaben etc.): **Abordnung**. Bei der Abordnung steht die Aufrechterhaltung der Anbindung zum Heimatunternehmen im Vordergrund. Der Mitarbeiter behält seinen inländischen Arbeitsvertrag und unterliegt im Regelfall auch dem Weisungsrecht der Heimatgesellschaft. In Ergänzung zum Inlandsgehalt werden gegebenenfalls erforderliche Zulagen gezahlt.

---

[1] vgl. DGFP (1995, 40)

- Auslandseinsatz länger als ein Jahr bis zu fünf Jahren: **Befristete Versetzung**. Der Mitarbeiter erhält im Regelfall einen Vertrag mit der ausländischen Gesellschaft und erhält auch spezielle Auslandsbezüge.

Die folgenden Ausführungen werden sich vor allem mit den Fragestellungen beschäftigen, die sich bei einem Auslandseinsatz in Form der befristeten Versetzung ergeben. Da die Internationalisierung der Wirtschaft auch vor den Begriffen des Personalmanagements nicht halt gemacht hat, bezeichnet man Mitarbeiter, die befristet ins Ausland versetzt werden, heutzutage gemeinhin als „**Expatriates**" (oder noch lockerer: „Expats"). Handelt es sich beim Expatriate um einen deutschen Mitarbeiter eines deutschen Unternehmens, der beispielsweise nach Singapur versetzt wird, so mutiert er (aber nur im akademischen Sprachgebrauch) dort zum **PCN** (Parent Country National) – Hüter der deutschen Sprache würden ihn allerdings vermutlich nach wie vor als Stammhausdelegierten bezeichnen. Die Kollegen des PCN, die aus Singapur stammen, sind sogenannte **HCN**s (Host Country Nationals), während die Kollegen in der deutschen Unternehmung in Singapur, die weder aus Singapur noch aus Deutschland stammen, als **TCN**s (Third Country Nationals) bezeichnet werden.[1]

Expatriates, die nach Ende einer befristeten Versetzung nicht ins Heimatland zurückkehren, sondern zu einem weiteren ausländischen Einsatzort wechseln, werden, wenn dieses Transfermuster öfter vorkommt, neuerdings gelegentlich als **Transpatriates** bezeichnet.[2]

1.2 Der „HR-Cycle" als Bezugsrahmen

In der Welt des Managements, und damit auch in der des Personalmanagements, ist die Übernahme amerikanischer Modelle und Methoden seit vielen Jahren üblich. Manchmal geschieht dies vielleicht etwas unreflektiert, häufig aber vor allem deshalb, weil viele amerikanische Ansätze es „wagen", simpel und leicht verständlich zu sein. Einen derartigen unkomplizierten Strukturrahmen für das Personalmanagement liefert beispielsweise der in Abbildung 1-2 wiedergegebene „Human-Resources-Cycle" der Michigan University.

---

[1] vgl. u.a. Weber et al. (1998, 10 f. m.w.N.)
[2] vgl. Holt (1998, 567 m.w.N.)

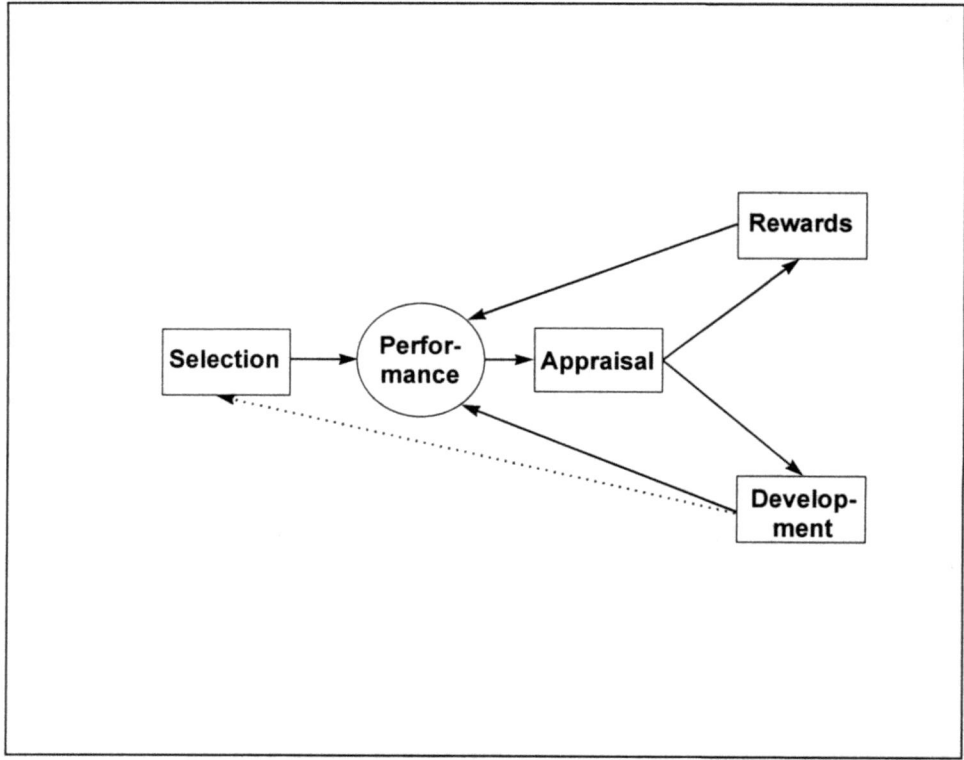

Abbildung 1-2: Human Resource Cycle. Quelle: Eigene Darstellung nach Collins/Devanna (1994)

Für dieses Buch wurde der HR-Cycle als leitende Grundstruktur übernommen. Kapitel 2 beschäftigt sich daher zunächst mit den vielschichtigen Facetten der Personalauswahl („Selection") und den mit der Auswahl direkt zusammenhängenden Aktivitäten für internationale Personaleinsätze, wie z.B. Alternativen der Personalbeschaffung und Aspekten der Vertragsgestaltung für den Auslandseinsatz. Bevor der Fluss des HR-Cycle im vierten Kapitel mit dem Thema Leistung ("Performance") weiterverfolgt wird, geht es in Kapitel 3 im Rahmen eines Exkurses um die für Auslandsverwendungen sehr wichtige Vorbereitung auf diese Einsätze.

Leistung (das Thema des vierten Kapitels) muss als das Ergebnis einer multiplikativen Verknüpfung von „können", „wollen" und „dürfen" verstanden werden: Es reicht beispielsweise nicht aus, zu wollen und zu dürfen, der Mitarbeiter muss auch seine Aufgabe einwandfrei bewältigen können – sonst gibt es logischerweise Einschränkungen bei der zu erbringenden Leistung. Diesem vermeintlich einfachen Zusammenhang ist durch die beim Auslandseinsatz in manchen Fällen schwierigen Rahmenbedingungen, denen der Expatriate ausgesetzt sein kann, besondere Aufmerksamkeit zu widmen.

Die durch einen Mitarbeiter erbrachte Leistung wird beurteilt, um zum einen eine Grundlage für die Bemessung von Anreizen zu haben und zum anderen weitere Entwicklungsschritte für den Mitarbeiter identifizieren zu können. Die einzelnen Gesichtspunkte dieser Beziehungskette werden in den Kapiteln 5 bis 7 diskutiert. Das fünfte Kapitel beschäftigt sich mit der Beurteilung („Appraisal") selbst, die sich u.a. durch die räumliche Distanz zwischen dem Expatriate und seinem Stammhaus sowie durch die kulturellen Unterschiede zwischen Herkunfts- und Einsatzort nicht selten als außerordentlich schwierig darstellt.

Schon March/Simon weisen in ihrem auf den Arbeiten von Barnard basierenden Anreiz-Beitrags-Modell[1] darauf hin, dass Mitarbeiter die von einem Unternehmen angebotenen materiellen und immateriellen Anreize einer subjektiven Bewertung unterziehen und den empfundenen Nutzen dieser Anreize zum Maßstab für das Ausmaß und die Qualität ihrer eigenen Beiträge machen. Jedes Unternehmen muss daher bestrebt sein, seine Anreizsysteme so zu entwerfen, dass es hinreichend „Gegenleistungen" erhält. (Vergleiche in Abbildung 1-2 den Pfeil zwischen „Rewards" und „Performance".) Die Gestaltung der adäquaten „Belohnung" („Rewards") für den Auslandseinsatz ist insbesondere im Hinblick auf das „Vergütungspaket" des Expatriates eine herausfordernde Aufgabe für das internationale Personalmanagement, deren Einzelheiten im sechsten Kapitel besprochen werden.

In der dynamischen Umwelt der heutigen Zeit ist bekanntermaßen die Notwendigkeit zur ständigen Anpassungsqualifizierung oder gar Neuqualifizierung in fast allen Berufsfeldern unumgänglich. Die in Kapitel 7 zu erörternde Personalentwicklung („Personnel Development") muss dabei selbstverständlich auch den befristet ins Ausland versetzten Mitarbeiter einbeziehen. Zwischen der Personalentwicklung und dem Leistungsvermögen der Mitarbeiter besteht ein unmittelbarer Wirkungszusammenhang. Darüber hinaus führt Personalentwicklung zu einer vergrößerten personellen Auswahlbasis für weitere (und evtl. auch höherwertigere) Aufgaben im Unternehmen.

Der HR-Cycle ist somit „geschlossen". Dieses Buch behandelt aber zusätzlich im achten Kapitel die Gesichtspunkte der Beendigung des Auslandseinsatzes, wobei besonders der in den letzten Jahren verstärkt in den Fokus gerückte Teilaspekt der Repatriierung zu diskutieren sein wird. Zum Schluss des Buches geht Kapitel 9 auf die organisatorische Gestaltung des internationalen Personalmanagements ein. Angesichts der erwähnten hohen Komplexität und Sensitivität des Themas „Mitarbeiter im Auslandseinsatz"[2], kommt der professionellen Verankerung der in den Kapiteln 2 bis 8 geschilderten Aufgaben eine große Bedeutung zu.

---

[1] vgl. March/Simon (1958), Barnard (1938)
[2] So der Titel der lesenswerten Dissertation von Wirth (1992)

2. Personalauswahl für internationale Einsätze

> **Lernziele**
>
> Nach Bearbeitung dieses Abschnittes sollten Sie
> - die Gründe für den internationalen Personaleinsatz und unterschiedliche Stellenbesetzungsstrategien erörtern können,
> - ein allgemeines Anforderungsprofil für einen Expatriate erstellen können,
> - alternative Personalbeschaffungswege und Auswahlinstrumente kennen,
> - den vertraglichen Regelungsbedarf für einen Auslandseinsatz skizzieren können.

2.1 Gründe für den internationalen Einsatz

Internationale Personaleinsätze sind alles andere als ein neues Phänomen, erwähnt seien beispielsweise die Fernkaufleute der Hanse[1] oder die ersten „multinationalen Unternehmen" in Assyrien um ca. 2000 vor Christi.[2] Unbestritten ist aber, dass durch die zunehmende Verflechtung der Weltwirtschaft, die in den neunziger Jahren des 20. Jahrhunderts einen starken Schub erlebt hat, Mitarbeitereinsätze im Ausland zugenommen haben.[3] Die Internationalisierung von Unternehmen wird vielfach in einer abgestuften Form veranschaulicht. „In Abhängigkeit von der Kapital- und Managementleistung können verschiedene **Internationalisierungsstufen** unterschieden werden:

- **Export**: Absatz der im Inland hergestellten Güter im Ausland.
- **Lizenzvertrag**: Nutzung von Rechten (z. B. Patent, Warenzeichen) oder betrieblichem Know-how durch ein ausländisches Unternehmen gegen Entgelt.
- **Franchising**: Als Sonderform des Lizenzvertrags ist das Franchising ein Kooperationsvertrag zwischen zwei Unternehmen, bei dem das eine Unternehmen dem anderen gegen Entgelt ein ganzes Bündel von Know-how zur Verfügung stellt und ihm erlaubt, Güter oder Dienstleistungen unter einem bestimmten Warenzeichen zu vertreiben.

---

[1] vgl. Hammel-Kiesow/Pelc (1996, 128 ff.)
[2] vgl. Moore/Lewis (1998, 95 ff.)
[3] vgl. z.B. Weber et al. (1998, 2 ff.)

- **Joint Venture**: Gründung eines rechtlich selbständigen Unternehmens mit einem ausländischen Partner
- **Auslandniederlassungen**: rechtlich unselbständige Unternehmen im Ausland (z.B. Verkaufsniederlassungen).
- **Tochtergesellschaften**: rechtlich selbständige Unternehmen im Ausland."[1]

Fall: Das neue Joint Venture

In der internationalen Linienschifffahrt gibt es schon seit vielen Jahren auf verschiedenen Gebieten Kooperationen zwischen Wettbewerbern. In den letzten Jahren hat der Grad der Intensität der Kooperation zugenommen und in zunehmendem Maße erfolgt die Kooperation in Form von Allianzen.

Die Reedereien U (Firmensitz: New York), G (Firmensitz: London) und D (Firmensitz: Bremen) sind eine solche Allianz eingegangen und wollen in Singapur für ihre Liniendienste zwischen Asien und Europa sowie zwischen Asien und der Pazifikküste Nordamerikas ein „Co-ordination Centre" einrichten. Dieses „UGD-Centre-Asia" („UGDA") soll als Kapitalgesellschaft in Form eines Joint Ventures gegründet werden. Alle drei Partner werden je ein Drittel der Kapitalanteile der UGDA halten. Die UGDA wird ca. 40 lokale Mitarbeiter beschäftigen. Das dreiköpfige Team des Topmanagements wird von je einem Vertreter der Allianzpartner gebildet; D soll dabei den kaufmännischen Geschäftsführer stellen, dessen wesentliche Verantwortungsbereiche das Finanz- und Rechnungswesen sowie das Personalwesen sein werden.

Bei D in Bremen hat es gerade einen kompletten Wechsel im Personalmanagement gegeben. Weder die neue Personalleiterin noch ihre Referenten haben bislang Erfahrung im Bereich des internationalen Personalmanagements. In einer ersten Brainstorming-Runde versuchen die Personalleute von D alle relevanten Aspekte zu sammeln, die im Zusammenhang mit der Besetzung der Führungsposition bei der UGDA von Bedeutung sein können.

Fragen zum Fallbeispiel:

1. Welches sind die relevanten Aspekte, die hier eine Rolle spielen?
2. Wie würden Sie an Stelle der Personalleiterin von D weiter vorgehen?

---

[1] Thommen/Achleitner (1998, 93)

Die Bezeichnung „Internationalisierungsstufen" könnte zu der Annahme führen, dass die einzelnen Formen nacheinander zu durchlaufen sind. Dies ist aber keineswegs der Fall, denn beispielsweise kann die Einrichtung einer ausländischen Tochtergesellschaft der direkte Einstieg eines Unternehmens ins Auslandsgeschäft sein. Ebenso kommt es vor, dass mehrere Formen nebeneinander bestehen (z.B. Export und Lizenzvergabe und Joint Venture und Tochtergesellschaft), da die unterschiedlichen Zielmärkte aufgrund ihres jeweiligen Umfangs und gegebenenfalls auch aufgrund von Markteintrittsbarrieren (z.B. staatliche Vorschriften, die eine Aktivität vor Ort nur in Form eines Joint Ventures zulassen) unterschiedliche Methoden der Marktbearbeitung erfordern.

Für die Zwecke dieses Buches ist es vor allen Dingen wichtig, dass bei jeder der skizzierten Internationalisierungsstufen der Auslandseinsatz von Mitarbeitern relevant sein kann. Beim reinen Exportgeschäft wird der Einsatz von Expatriates zwar in der Regel relativ selten sein; in der Praxis kommt es aber auch bei dieser Internationalisierungsstufe zu befristeten Versetzungen ins Ausland, beispielsweise als lokaler Repräsentant („Unser Mann in Burkina Faso") des exportierenden Unternehmens. Beim Lizenzgeschäft und beim Franchising findet man Expatriates des öfteren in der Rolle des Koordinatoren („Liaison Officer") zwischen Lizenz- bzw. Franchisegeber und Lizenz- bzw. Franchisenehmer. In einem Joint Venture werden Managementpositionen vielfach in Relation zu den Beteiligungsverhältnissen von den Joint Venture Partnern besetzt. Bei Auslandsniederlassungen und bei Tochtergesellschaften schließlich wird in vielen Fällen zumindest das Topmanagement aus dem heimatlichen Stammhaus heraus besetzt werden, unabhängig davon, ob es sich um einen „greenfield start" oder um eine Übernahme handelt.

Die Frage „Expatriate oder lokaler Mitarbeiter" darf nicht als Grundsatzfrage verstanden werden, sondern muss von Fall zu Fall und im Zeitablauf immer wieder neu entschieden werden. Hierbei spielen u.a. folgende Faktoren eine Rolle:[1]

- Kontrollbedürfnis über die ausländische Einheit,
- Reifegrad der Beziehung zwischen ausländischer Einheit und Stammhaus,
- Verfügbarkeit von qualifiziertem HCNs versus PCNs beziehungsweise TCNs.
- Entwicklungsgrad des Einsatzlandes,
- politische Vorgaben.

Ein in der Literatur zum internationalen Personalmanagement regelmäßig rezipierter Analyserahmen zur Grundorientierung bei der internationalen Stellenbesetzung ist das EPRG-Modell von Perlmutter.[2] Tabelle 2-1 erörtert zusammenfassend dieses Modell:

---

[1] vgl. Holt (1998, 570 f.)
[2] vgl. Weber et al. (1998, 108 ff. m.w.N.)

Internationale Stellenbesetzung	
■ Ethnozentrische Stellenbesetzung	Schlüsselpositionen im Ausland werden durch PCNs besetzt. Beispiel: In die deutsche Tochtergesellschaft in Mexiko werden deutsche Manager entsandt
■ Polyzentrische Stellenbesetzung	Schlüsselpositionen im Ausland werden durch HCNs besetzt. Beispiel: In der deutschen Tochtergesellschaft in Mexiko werden mexikanische Manager beschäftigt.
■ Regiozentrische Stellenbesetzung	Schlüsselpositionen im Ausland werden durch HCNs oder durch aus der jeweiligen Länderregion stammenden Manager besetzt. Beispiel: Der Produktionsleiter der deutschen Tochtergesellschaft in Mexiko stammt aus Kolumbien.
■ Geozentrische Stellenbesetzung	Die Besetzung von Schlüsselpositionen in der gesamten internationalen Unternehmensgruppe (inklusive Stammhaus) erfolgt ohne Berücksichtigung der Nationalität der Manager.

Tabelle 2-1: Stellenbesetzung nach dem EPRG-Modell. Quelle: Eigene Darstellung auf der Basis von Weber et al. (1998, 108 ff. m.w.N.)

Trotz der intensiven Diskussion des EPRG-Modells in der personalwirtschaftlichen Forschung, hat dieses Konzept in der betrieblichen Praxis keine allzu große Bedeutung. Eine explizit formulierte Stellenbesetzungsstrategie in dem Sinne „Wir besetzen {ethno-, poly-, regio, geo-}zentrisch" dürfte eher die Ausnahme sein, da hierbei die situative Komponente bei der Besetzung von Auslandspositionen zu sehr vernachlässigt würde.

Neben den bislang geschilderten Gründen für den internationalen Personaleinsatz spielt insbesondere in größeren Unternehmen der Aspekt einer „internationalen Ausbildungsstrategie"[1] eine mittlerweile sehr bedeutende Rolle. Um den Anforderungen zunehmender interkultureller Begegnungen im Arbeitsleben gerecht zu werden, fordern immer mehr Unternehmen schon von ihren Nachwuchskräften einen oder mehrere Auslandseinsätze. Ohne diese ist vielfach - so zumindest die offiziell im Unternehmen kommunizierte Botschaft - ein Aufstieg in höhere Managementpositionen nicht mehr möglich.

Tabelle 2-2 zeigt abschließend eine Zusammenfassung von möglichen Gründen für einen Auslandseinsatz aus Unternehmens- und aus Mitarbeitersicht.

---

[1] Podsiadlowski (1996, 76)

Ziele des Auslandseinsatzes	
aus Unternehmenssicht	aus Mitarbeitersicht
■ Verwirklichung eines Know-how Transfers (und zwar in beiden Richtungen) ■ Auslandsentsendung als Teil der Laufbahnplanung; sie gilt insbesondere der Entwicklung von Führungsfähigkeiten bei Nachwuchskräften ■ Kompensation fehlender einheimischer Führungskräfte ■ Entstehung/Heranbildung eines unternehmerischen kosmopolitischen Bewußtseins; darunter ist u.a. die globale Einschätzung über die Entwicklungsmöglichkeiten eines Unternehmens in Abhängigkeit von den wirtschaftlichen Tendenzen zu verstehen ■ Verwirklichung/Durchsetzung einer einheitlichen Führungskonzeption im Konzern ■ Ausbildung und Einweisung einheimischen Führungspersonals ■ Einheitliche Berichterstattung (= einheitliches Kommunikationssystem) zwischen dem Stammhaus und den ausländischen Tochterunternehmen ■ Repräsentanz in den verschiedenen ausländischen Entscheidungsgremien, Institutionen etc.	■ Auslandsaufenthalt ist ein Teil der unternehmerischen Personalpolitik ■ Verbesserung der allgemeinen Berufschancen, nicht nur im augenblicklichen Unternehmen ■ Erreichung einer höheren Qualifikation und damit Steigerung der Karrierechancen ■ Reiz des unter Umständen zu erwartenden höheren Entgelts und dadurch zu erwartende höhere Ersparnisse ■ Ein in vielen Ländern zu erwartender - insbesondere im orientalischen und asiatischen Raum - höherer Status als im Stammhaus ■ Der Wunsch, etwas anderes kennenzulernen; eine gewisse Abenteuerlust

Tabelle 2-2: Ziele des Auslandseinsatzes. Quelle: modifiziert aus Domsch/Lichtenberger (1995, 479)

2.2 Anforderungsprofile als Hilfsmittel zur Personalauswahl

Fall: Das Anforderungsprofil

Die Personalleiterin von D beauftragt einen ihrer Personalreferenten, zur Vorbereitung der Personalauswahl ein Anforderungsprofil für die in Singapur zu besetzende Position zu erstellen.

Als Ausgangsbasis werden die im Allianzvertrag zwischen U, G und D vereinbarten und fixierten Ziele der Stelle „Kaufmännische Geschäftsführung UGDA" herangezogen. Dort heißt es unter anderem:

„Der Stelleninhaber

- ist für die ordnungsgemäße und fristgerechte Erstellung von Quartalsergebnisberichten an die Allianzpartner verantwortlich,
- hat für die ordnungsgemäße Durchführung aller Aufgaben des externen Rechnungswesens zu sorgen,
- soll ein adäquates Controllingsystem bei der UGDA implementieren,
- hat für eine effiziente Finanzplanung und Finanzkontrolle zu sorgen,
- ist für die Optimierung der Unternehmensfinanzierung der UGDA verantwortlich,
- verantwortet das Vertragswesen der UGDA,
- leitet das operative Personalmanagement der UGDA,
- koordiniert personalpolitische Anforderungen der Allianzpartner,
- managt die Personalentwicklung der lokalen UGDA-Mitarbeiter,
- berät die UGDA-Mitarbeiter und Führungskräfte in allen Personalangelegenheiten."

Fragen zum Fallbeispiel:

1. Wie sollte das Anforderungsprofil aussehen?
2. Welche Besonderheiten müssen im Anforderungsprofil aufgrund des Einsatzes in Singapur berücksichtigt werden?

Personalauswahl, als eine Kernfunktion betrieblicher Personalarbeit, lässt sich als klassischer Anwendungsfall einer idealtypischen Managemententscheidung darstellen. Die Entscheidungskette hat folgende Struktur:

1. Identifikation eines Problems (hier: eine zu besetzende Auslandsposition),
2. Festlegung und gegebenenfalls Gewichtung von Entscheidungskriterien (hier: Anforderungen an den Stelleninhaber),
3. Suche nach Alternativen zur Lösung des Problems (hier: Kandidaten für die Auslandsposition),
4. Überprüfung der Alternativen hinsichtlich ihres Erfüllungsgrades je Kriterium (hier: Abgleich der Anforderungsprofile mit den Kandidatenprofilen) und letztlich
5. die konkrete Entscheidung für eine Alternative (hier: Nominierung eines Kandidaten).[1]

Die Erstellung eines Anforderungsprofils setzt beim zweiten Schritt des Entscheidungsschemas[2] an. Zunächst sollten als Kriterien die Aspekte Berücksichtigung finden, die eine universelle Relevanz aufweisen und somit auch für die Besetzung von Inlandspositionen von Bedeutung sind. Seit längerem besteht unter Personalfachleuten Einigkeit darüber, dass reine **Fachkompetenz** natürlich nach wie vor sehr wichtig ist - ein Marketingspezialist wird beispielsweise in den seltensten Fällen die Produktionsleitung übernehmen -, aufgrund der teilweise sehr schnellen Vergänglichkeit von reinem Fachwissen hat es jedoch nicht mehr den extrem hohen Stellenwert, wie es in der Vergangenheit häufig der Fall war. Wichtig ist vielmehr, stets in der Lage zu sein, sich das jeweils erforderliche Fachwissen schnell anzueignen - der Leitsatz des „Lernen lernen" macht dies deutlich. Mit der Lernkompetenz ist ein Kriterium angesprochen, das der Gruppe der **Methodenkompetenz** zuzuordnen ist. Als weitere Aspekte der Methodenkompetenz, die insbesondere für Manager von Bedeutung sind, gelten u.a. die Fähigkeit zur effizienten Erschließung von Informationen sowie die Beherrschung situationsgerechter Moderations- und Präsentationstechniken.

Der Alltag in den Unternehmen ist durch den zwischenmenschlichen Umgang mit Kollegen, Vorgesetzten, Mitarbeitern, Kunden und anderen Geschäftspartnern gekennzeichnet. Kommt es hierbei zu Friktionen, schlägt dies regelmäßig auf die Effizienz und Effektivität des betrieblichen Geschehens durch. Somit sollte bei der Personalauswahl der sogenannten Sozialkompetenz ebenfalls ein hoher Stellenwert zukommen. Zur **Sozialkompetenz** werden unter anderem die Einzelkriterien Einfühlungsvermögen, Offenheit und Wertschätzung für andere, Kontakt- und Kommunikationsfähigkeit, Teamfähigkeit, Fähigkeit zur Bewältigung von Konflikten sowie Fairness und Verlässlichkeit gezählt.[3]

---

[1] Zum Entscheidungsschema vgl. z.B. Certo (2000, 150). Die getroffene Entscheidung muß darüber hinaus tatsächlich umgesetzt und danach hinsichtlich ihrer Wirksamkeit überprüft werden.

[2] Selbstverständlich handelt es sich beim oben dargestellten Entscheidungsschema um das Abbild eines vollständig rationalen Vorgehens, das in seiner reinen Form in der betrieblichen Praxis aufgrund diverser Restriktionen sowie aufgrund der Unvollkommenheit menschlichen Handelns selten vorkommen wird.

[3] vgl. die Kriterien für General-Management-Kompetenzen der früheren Daimler-Benz AG bei Krieg/Ehrlich (1998, 233)

Wie erwähnt, kann den bislang skizzierten Auswahlkriterien generelle Bedeutung zugeschrieben werden. Natürlich werden die einzelnen Kriterien je nach Unternehmen und je nach der zu besetzenden tatsächlichen Stelle eine unterschiedliche Gewichtung erfahren. Für den Auslandseinsatz von Mitarbeitern müssen jedoch zusätzliche Kriterien der Personalauswahl herangezogen werden. Hierzu zählen vor allem Eigenschaften, die dem Begriff der **interkulturellen**[1] **Kompetenz** zugeordnet werden. Bei einem weit gefassten Begriffsverständnis bedeutet „interkulturelle Kompetenz (..)

- die Anerkennung und Wertschätzung kultureller Besonderheiten,
- Toleranz,
- gegenseitiges Verstehen,
- Solidarität,
- die Sensibilisierung für gemeinsame Grundwerte, Normen und kulturelle Ähnlichkeit,
- die Entdeckung von Möglichkeiten gegenseitiger Ergänzung und Bereicherung und
- [den] Aufbau eines interkulturellen Erfahrungs- und Handlungswissens.

Analog schließt interkulturelle Kompetenz

- interkulturelle Informationsdefizite,
- Dominanz- und Überlegenheitsintentionen,
- Bedrohungsängste,
- Vorurteile,
- destruktive nationale und kulturelle Stereotypisierungen,
- Fremdenfeindlichkeit und
- die Angst gegenüber Fremdkulturellem

aus."[2] Es muss jedoch darauf hingewiesen werden, dass interkulturelle Kompetenz natürlich von großer Wichtigkeit für einen erfolgreichen Auslandseinsatz ist, allerdings sollte sie im Idealfall kein besonderes Kriterium für Auslandsmitarbeiter sein, da interkulturelle Kompetenz in einer weltoffenen Gesellschaft und Wirtschaft mittlerweile eine allgemeingültige Anforderung an Mitarbeiter und insbesondere an Führungskräfte darstellen sollte. Hinzuweisen ist in diesem Zusammenhang auf die Zusammenarbeit im Inland mit Kollegen ausländischer Herkunft, Besuche ausländischer Geschäftspartner, die Arbeit in internationalen Projektteams, die Durchführung von internationalen Werbemaßnahmen etc..

Weinert hat aus der einschlägigen Literatur folgende Liste von Faktoren abgeleitet, die „die in der Forschungsliteratur am häufigsten mit Erfolg und Misserfolg von ,Expatriates' in Zusammenhang gebracht werden:

- Sinn fürs Unbekannte/Abenteuerlust (offen gegenüber neuen Erfahrungen/Kulturen; opportunistisch),

---

[1] Zum Kulturbegriff vgl. Abschnitt 3.2
[2] Podsiadlowski (1999, 321 m.w.N.) [modifizierte Darstellung]

- Mut/Selbstvertrauen (willens, eigene Standpunkte einzunehmen; glaubt an sich selbst),
- Handlungsorientierung (nach Erfolg und Ergebnissen drängen; Initiativen ergreifen),
- Analytische Beweglichkeit (Komplexität ‚zerlegen'; wissen wollen, wie Dinge funktionieren),
- Besondere Befähigung für den Umgang mit Menschen (kann andere hinter sich bringen; kann ein Team mobilisieren),
- Breiter Respekt (hat Respekt vor anderen; hat positiven Einfluss auf andere),
- Sein Geschäft kennen (hat starke Expertenbasis; versteht, wie Dinge zusammenpassen),
- Begeisterung (zeigt Commitment und Enthusiasmus; willens, Opfer zu bringen),
- Einfallsreichtum (neue originale Lösungswege finden; flexibel),
- Lernen von Fehlern (konstruktiv mit Fehlern umgehen; andere nicht verantwortlich machen),
- Offen für das Lernen (von anderen) (auf Feedback reagieren; andere fragen; darüber nachdenken, wie andere Dinge anders machen."[1]

Im konkreten Anwendungsfall muss nun unter Berücksichtigung der hier skizzierten allgemeinen – und teilweise nicht einfach zu operationalisierenden - Kriterien ein spezifisches Anforderungsprofil entwickelt werden. Hierbei sind insbesondere die speziellen Anforderungen des Einsatzlandes zu beachten; so ist etwa für den Einsatz eines deutschen Managers in Kiribati sicherlich ein anderes Anforderungsprofil zu erstellen als für den (fachlich identischen) Einsatz in der Schweiz. Auch weitere zu berücksichtigende Faktoren, wie zum Beispiel die psychische Belastbarkeit, die gesundheitliche Kondition sowie die familiäre Flexibilität der Kandidaten[2] müssen in das spezifische Anforderungsprofil einfließen. Malik bringt für seine Forderung nach einer sehr konkreten Anforderungsfestlegung den Vergleich mit dem Sport, der auch für das Erstellen eines Anforderungsprofils für Auslandspositionen bedacht werden sollte: „So können wir also die Anforderungen für den 100-Meter-Läufer; die Hochspringerin und den Diskuswerfer einigermaßen brauchbar bestimmen. Man kann das aber nicht für den Sportler schlechthin tun – genauso wenig wie für den Manager [und den Auslandsmanager, T.P.] schlechthin, oder dann lediglich so allgemein und vage, dass man damit nichts anfangen kann. Vielleicht kommt einem jetzt noch der Zehnkämpfer in den Sinn. Den gibt es auch - aber gute Zehnkämpfer sind genauso selten wie geniale Manager."[3]

---

[1] Weinert (1998, 338 f.) [modifizierte Darstellung]
[2] vgl. z.B. Dülfer (1995, 493)
[3] Malik (1998, 13)

2.3 Alternativen der Personalbeschaffung

Fall: Die Kandidaten

Am Ende der intensiven und schwierigen Suchphase kommen insgesamt noch drei Kandidaten für die Position in Singapur in die engere Wahl. Die durch einen Personalberater durchgeführte externe Suche ergab lediglich einen interessanter Bewerber:

- John Lee, 35 Jahre alt, gebürtig in Taipeh, unverheiratet, keine Kinder. Lee hat nach seinem Studium der Germanistik und Anglistik (in Taipeh, Heidelberg und Oxford) zunächst für drei Jahre als Lehrer in Taipeh gearbeitet. Anschließend studierte er für ein Jahr Business Management in Chicago, dort schloss er das Studium als MBA ab. Nach seinem MBA-Abschluss kehrte Lee nach Taiwan zurück und durchlief mehrere Funktionsbereiche bei einer Hotelkette. Lee ist seit fünf Jahren in Singapur, davon zunächst drei Jahre im Hotelmanagement und seit zwei Jahren als General Manager eines kleineren Exporthauses.

Bei der internen Suche kristallisierten sich zwei Kandidaten heraus:

- Johannes Luv, 28 Jahre alt, gebürtig in München, unverheiratet, keine Kinder. Luv hat nach einer vierjährigen Dienstzeit bei der Bundesmarine einen Ausbildungsvertrag mit der Reederei D abgeschlossen. Im Rahmen seiner Ausbildung studierte er Betriebswirtschaft an einer privaten Fachhochschule. Seit seinem Abschluss als Diplom-Kaufmann vor einem Jahr ist Luv als Controllingreferent bei D tätig.

- Bernd Bernstein, 45 Jahre, gebürtig in Stralsund, verheiratet, zwei Kinder (15 und 13 Jahre alt). Die Ehefrau ist Physikprofessorin an der Universität Bremen. Bernstein ist während seines gesamten Berufslebens fast ausschließlich zur See gefahren, seit zehn Jahren fährt er im Fernostdienst der Reederei D, davon die letzten fünf Jahre als Kapitän. Ein Großteil seiner jeweiligen Besatzungsmitglieder stammt aus Kiribati. Bernstein hat im Fernstudium ein betriebswirtschaftliches Aufbaustudium mit den Schwerpunkten Personal und Finanzwesen absolviert. Zwischen seinen Bordeinsätzen war er im Rahmen des Job-Rotation-Programms von D regelmäßig mehrere Monate im Bereich Personal sowie Finanz- und Rechnungswesen eingesetzt. Bernstein hat seit längerem den Wunsch geäußert, aus familiären Gründen in eine dauerhafte Landposition zu wechseln.

Fragen zum Fallbeispiel:

1. Welche Vor- und Nachteile einer internen Besetzung gibt es bei der hier zu besetzenden Vakanz im Vergleich zu einer externen Besetzung?
2. Welchen Kandidaten würden Sie nominieren? Begründen Sie Ihre Entscheidung!

In dem in Abschnitt 2.2 erwähnten Entscheidungsschema hatte die dritte Stufe die Suche nach geeigneten Kandidaten für den Auslandseinsatz zum Inhalt. Für jede Personalbeschaffungsentscheidung stehen grundsätzlich der externe sowie der interne Arbeitsmarkt zur Verfügung. In manchen Fällen wird man die Suche parallel in beiden Sektoren durchführen, es gibt aber auch Beschaffungskonstellationen, in denen einem der beiden Suchfelder von vornherein eine größere Erfolgschance zugeschrieben wird. Im Falle der Beschaffung von Personal für den Mitarbeitereinsatz im Ausland wird in vielen Fällen wohl eher die Rekrutierung aus dem vorhandenen Personal die dominierende Beschaffungsstrategie sein. Für diesen Beschaffungsweg sprechen in der Regel u.a. folgende Aspekte:

- Zeitvorteile,
- Kostenvorteile,
- Informationsvorteile (Kandidat und Unternehmen „kennen" sich),
- Motivationswirkung für den ausgewählten Kandidaten,[1]
- Motivationswirkung für die vorhandene Belegschaft durch die Signalwirkung.

2.3.1 Interne Beschaffung

2.3.1.1 Personalnachfolgeplanung im internationalen Unternehmen

Sofern international tätige Unternehmen eine gewisse Größenordnung überschreiten, ist es sinnvoll, eine computergestützte Personalnachfolgeplanung zu implementieren, die zum einen alle bedeutenden Stellen im Ausland umfassen sollte, und zum anderen auch die Aufgabe hat, Informationen über Mitarbeiter zu erfassen, die für einen zukünftigen Auslandseinsatz in Frage kommen könnten.

Hinsichtlich der Stellen sollte ein Personalnachfolgeplanungssystem im Idealfall mindestens folgende Informationen beinhalten:

- Stellenbezeichnung und hierarchische Einstufung,
- aktueller Stelleninhaber und gegebenenfalls dessen voraussichtliches Einsatzende (Pensionierung, Ende des befristeten Einsatzes o.ä.) auf der Stelle,
- detailliertes Anforderungsprofil für die Stelle.

Bezüglich der potenziellen Kandidaten für den Auslandseinsatz sind im Personalnachfolgeplanungssystem Informationen zu hinterlegen, die Auskunft über das Qualifikationsprofil des jeweiligen Mitarbeiters geben können (z.B. Informationen über Sprachkenntnisse etc.) und darüber hinaus auch auf eventuelle Restriktionen hinsichtlich der Verfügbarkeit für einen Auslandseinsatz (beispielsweise Ausschluss gewisser Einsatzländer aus religiösen Gründen oder etwa zeitliche Ausschlüsse aufgrund familiärer Gegebenheiten) hinweisen. Die für die Personalnachfolgeplanung relevanten Mitarbeiterdaten können teilweise aus den im Personalbereich ohnehin verfügbaren Informationen

---

[1] bei mehreren Kandidaten muss hierbei allerdings auch die eventuelle Enttäuschung der nicht ausgewählten Mitarbeiter bedacht werden.

generiert werden oder aber aufgrund von Gesprächen mit den Mitarbeitern und/oder deren Vorgesetzten erhoben werden. Idealerweise sollte es möglich sein, dass die Berücksichtigung von Mitarbeitern im Nachfolgeplanungssystem nicht nur auf Initiative von Vorgesetzten und/oder Personalleuten erfolgt, sondern dass sich Mitarbeiter für die „Aufnahme" in ein Personalnachfolgeplanungssystem selbst nominieren können,[1] damit die Auswahlgesamtheit auch um diese Mitarbeiter erweitert wird.

Sofern ein in qualitativer und quantitativer Hinsicht hinreichender Stamm an Mitarbeitern vorhanden ist und ein Personalnachfolgeplanungssystem akkurat gepflegt wird (zugegebenermaßen ein sehr schwieriges Unterfangen), kann mit relativ großer Wahrscheinlichkeit in vielen Personalbesetzungsfällen zumindest schon einmal eine diskussionswürdige erste Kandidatenliste erstellt werden.

Lange/Huber[2] stellen ein sehr unkompliziertes Planungssystem vor, das sich bei einem international agierenden deutschen Industrieunternehmen (Beiersdorf AG) bewährt hat: In regelmäßigen Zeitabständen werden dort von der deutschen Unternehmenszentrale weltweit bei jeder Tochtergesellschaft des Unternehmens für alle Managementpositionen mögliche Nachfolgekandidaten erfragt. Dabei wird unterschieden, wer die jeweilige Position sofort oder aber mit zeitlicher Verzögerung (konkret: in drei Jahren) übernehmen könnte. Die so erstellten Nachfolgelisten werden in einem abgestuften Prozess weiter verfeinert, sodass im Regelfall für jede Managementposition mehrere potenzielle Nachfolgekandidaten bekannt sind. Um möglichen Frustrationserlebnissen (im Falle der Berücksichtigung eines anderen Nachfolgekandidaten oder bei Wegfall der „vorgesehenen" Stelle) vorzubeugen und auch, um ein „Kronprinzgehabe" der als Nachfolger vorgesehen Mitarbeiter zu vermeiden, werden die Ergebnisse der Nachfolgeplanung den Mitarbeitern nicht bekannt gemacht.

2.3.1.2 Interne Stellenausschreibungen

Das Instrument der internen Stellenausschreibung ist ein traditionelles Hilfsmittel zur Unterstützung der Personalbeschaffung auf dem unternehmensinternen Arbeitsmarkt. Die interne Stellenausschreibung kann selbstverständlich auch ergänzend zu dem Einsatz eines Personalnachfolgeplanungssystems eingesetzt werden. Bestandteile einer internen Stellenausschreibung für internationale Einsätze sind normalerweise:

- Positionsbezeichnung,
- Einsatzort,
- Einsatzdauer,
- Aufgabenbeschreibung,
- Anforderungen an den Bewerber,
- Vergütungsgruppe.

---

[1] So auch Sulanke (1997, 209)
[2] vgl. Lange/Huber (1998, 116 ff.)

Die internen Stellenausschreibungen können den Mitarbeitern über die normalen Kommunikationswege (Aushang, Hauszeitschrift, Informationsbeilage zur Entgeltabrechnung, Intranet etc.) zugänglich gemacht werden. Das Intranet kann bei weltweit vertretenden Unternehmen in diesem Zusammenhang für den Aufbau einer strukturierten internen „Jobbörse" genutzt werden. Wenn dies unternehmenspolitisch gewünscht und arbeitsrechtlich im jeweiligen Land zulässig ist, besteht grundsätzlich auch die Möglichkeit, alle Positionen (ab einem festgelegten Stellenwert) in definierten Zeitabständen in eine derartige Jobbörse einzustellen. Auch die dann aktuellen Stelleninhaber müssen sich bei einem solchen Vorgehen für ihre „eigene" Stelle wieder bewerben, sofern sie auf der Stelle weiter tätig sein wollen. Ein Anwendungsbeispiel für ein solches System bietet die Shell-Gruppe:

„Intranet-based 'open resourcing' is in use across the businesses and has been integrated into Shell Group global systems. Open resourcing is the system under which employees apply for jobs within the company in an internal open market."[1]

2.3.2 Externe Beschaffung

Wenn anstelle der internen Beschaffung beziehungsweise in Ergänzung dazu auch auf dem externen Arbeitsmarkt gesucht werden soll, muss zunächst das Suchfeld in räumlicher und fachlicher Hinsicht eingegrenzt werden. Anschließend gilt es, die infrage kommenden Beschaffungskanäle festzulegen.

2.3.2.1 Personalsuche durch soziale Netzwerke

In engem Zusammenhang mit der internen Beschaffung steht die Personalanwerbung durch soziale Netzwerke der Mitarbeiter des suchenden Unternehmens: Über die oben genannten internen Kommunikationskanäle werden den Mitarbeitern Vakanzen im Ausland zur Kenntnis gebracht und damit einhergehend werden sie gebeten, auch ihre Freunde, Familienmitglieder, Vereinskameraden, ehemalige Kommilitonen etc. über die entsprechende Vakanz zu informieren. Gegebenenfalls kann auch eine Art Vermittlungsprämie ausgelobt werden.

Besonders interessant und durchaus zulässig ist es auch, ehemalige Expatriates des Unternehmens anzusprechen, da diese im Regelfall während ihres Auslandseinsatzes mit Expatriates anderer Unternehmen zusammengetroffen sind und gegebenenfalls von deren Bereitschaft, den Arbeitgeber wechseln zu wollen, wissen. Die Idee bei dieser Beschaffungsmethode ist, dass Mitarbeiter wohl nur dann aktiv eine vermittelnde Rolle einnehmen, wenn sie selbst davon überzeugt sind, dass der „ihnen näher stehende" Kandidat und ihr Arbeitgeber grundsätzlich gut „zusammenpassen". Gegenwärtige (wie auch ehemalige) Mitarbeiter eines Unternehmens gelten bezüglich ihres Arbeitgebers als

---

[1] Shell UK (1999)

kompetente Meinungsführer. Ihren persönlichen Empfehlungen wird daher seitens der potenziellen Bewerber in der Regel wesentlich mehr Vertrauen entgegengebracht als anderen Suchwegen.[1]

2.3.2.2 Personalberater

Sofern es sich bei den für den Auslandseinsatz gesuchten künftigen Mitarbeitern um Spezialisten oder Führungskräfte handelt, werden viele Unternehmen im Rahmen einer klassischen make-or-buy-Entscheidung für die externe Beschaffung einen Personalberater beauftragen. Für den Einsatz von Personalberatern können deren Spezialisierungsvorteile, ihre spezifischen Marktkenntnisse und die damit verbundene Chance auf eine effektive und relativ schnelle Besetzung der Vakanz sprechen.[2]

Typischerweise gehen Personalberater bei der Kandidatensuche für einen Auftraggeber wie folgt vor:[3]

1. Umfeldanalyse beim Auftraggeber, vor allem durch Gespräche und Beobachtungen vor Ort.
2. Erstellen einer Spezifikation des Suchauftrages auf Basis eines Anforderungsprofils sowie generelle Abstimmung der Suchstrategie.
3. Durchführung der Suche mittels unterschiedlicher Quellen (Nutzung von in- und externen Datenbanken, Gewinnung von Informationen über potenzielle Kandidaten durch „Industry Research", Inserat des Beraters, Nutzung von Altkontakten).
4. Ansprache der identifizierten Kandidaten. „Der ideale Kandidat ist der, der vor diesem Kontakt überhaupt nicht an einen Wechsel gedacht hat, ist der mit seiner Arbeit zufriedene Manager. Fach- und Führungskräfte, die auf dem ‚Markt' als wechselwillig gehandelt werden, sind meistens für den suchenden Personalberater uninteressant."[4]
5. Interviews mit potenziellen Kandidaten und Erstellung einer Kandidatenvorschlagsliste mit Gutachten über die Kandidaten für den Auftraggeber.
6. Die Kandidaten, an denen der Auftraggeber konkret interessiert ist, werden ihm dann präsentiert.[5]

Der Suchprozess für Auslandspositionen wird bei international präsenten Personalberatungsunternehmen häufig arbeitsteilig durchgeführt: Beispielsweise kann der deutsche Berater federführend für den Suchprozess sein, bei der direkten Suche wird er aber von seinen Kollegen an anderen Standorten unterstützt. Die Personalberaterbranche weist mittlerweile selbst ein hohes Maß an Internationalität (in Form von Netzwerken oder

---

[1] vgl. Schanz (1993, 319)

[2] vgl. Föhr (1998, 323)

[3] vgl. u.a. Harvard Business School (1994, 3 f.)

[4] Gerster (1987, 580 f.)

[5] Im Anschluß hieran können sich spezifische Auswahlprozeduren der suchenden Unternehmung anschließen, bei denen der Berater gegebenenfalls ebenfalls Unterstützung bietet. Ebenso kann der Berater bei den Vertragsverhandlungen und während der Einarbeitungsphase behilflich sein.

Unternehmensgruppen) auf. „Die Kunden, Konzerne ebenso wie große Mittelständler, fordern heute weltweit dieselben Standards; sie wollen wissen, ob ihr Mann vor Ort Zu- und Durchgriff auf ausländische Büros hat, ob der Klientenschutz (keine Abwerbung beim Kunden) wirklich überall gewährleistet ist. Und immer mehr verfahren mit den Headhuntern wie mit allen anderen Zulieferern: Nur noch ein bis zwei Anbieter machen das weltweite Geschäft. [Preferred Supplier Agreements]"[1]

Unternehmen, die Mitarbeiter für den Auslandseinsatz suchen, können im übrigen die Dienste der Auslandsabteilung der Zentralstelle für Arbeitsvermittlung der Bundesanstalt für Arbeit in Anspruch nehmen, zumal sie deren Service über die Arbeitgeberbeiträge zur Arbeitslosenversicherung quasi bereits „bezahlt" haben. Dieses Angebot des öffentlichen Sektors wird jedoch von vielen Unternehmen nur sehr zurückhaltend in Anspruch genommen.[2]

2.3.2.3 Mediengestützte Personalsuche

Auch für die international angelegte Personalsuche kann die Verwendung des traditionellen Instrumentes des Stellenangebotes in einer Zeitung oder Zeitschrift sinnvoll sein. Die großen überregionalen deutschen Tageszeitungen bieten häufig Verbundschaltungen mit anderen europäischen Zeitungen, sodass das entsprechende Stellenangebot eine größere Streuung erfährt. Da international orientierte Fach- und Führungskräfte im Regelfall (zumindest im Flugzeug auf der Geschäftsreise) auch englischsprachige Zeitungen lesen, bietet sich überdies die Schaltung einer Anzeige in entsprechenden Medien an. Bei der Nutzung ausländischer Anzeigenträger muss allerdings in besonderem Maße auf die jeweiligen landestypischen Kriterien zur passenden Terminierung und vor allem zur Gestaltung einer Stellenanzeige geachtet werden. So ist zum Beispiel die Angabe der Vergütungshöhe in britischen Printmedien durchaus üblich, während dies in den Stellenangeboten der deutschen Zeitungen kaum zu beobachten ist. Auch die Notwendigkeit beziehungsweise die Ausgestaltung der geschlechtsneutralen Ausschreibung und die „richtige" Mischung zwischen Kreativität und Seriosität des Anzeigenlayouts differieren von Land zu Land. Vor diesem Hintergrund sollte überlegt werden, die Gestaltung der Anzeige eventuell an eine Anzeigenagentur mit entsprechender Erfahrung auszugliedern.

Der wesentliche Nachteil jeder Art von Stellenangeboten in Printmedien ist der nicht unerhebliche Streuverlust.[3] Andererseits spricht für die printmediengestützte Personalsuche, dass der meistens als besonders interessant angesehene potenzielle Kandidat, nämlich der, der nicht aktiv auf Stellensuche ist, am ehesten beim „zufälligen blättern" in der Zeitung auf ein für ihn attraktives Stellenangebot stoßen kann, das ihn dann doch dazu bringt, mit der suchenden Unternehmung Kontakt aufzunehmen. Diese „Zufallstreffer" sind noch wahrscheinlicher, wenn das Stelleninserat nicht im üblichen Stellenteil, sondern auf den redaktionellen Seiten der Zeitung platziert werden kann.

---

[1] Managermagazin (1999, 238)
[2] vgl. Heymann/Schuster (1998, 99)
[3] vgl. Olfert/Steinbuch (1998,128)

Abbildung 2-1 zeigt eine Analyse von auslandsorientierten Stellenangeboten aus deutschen Printmedien.

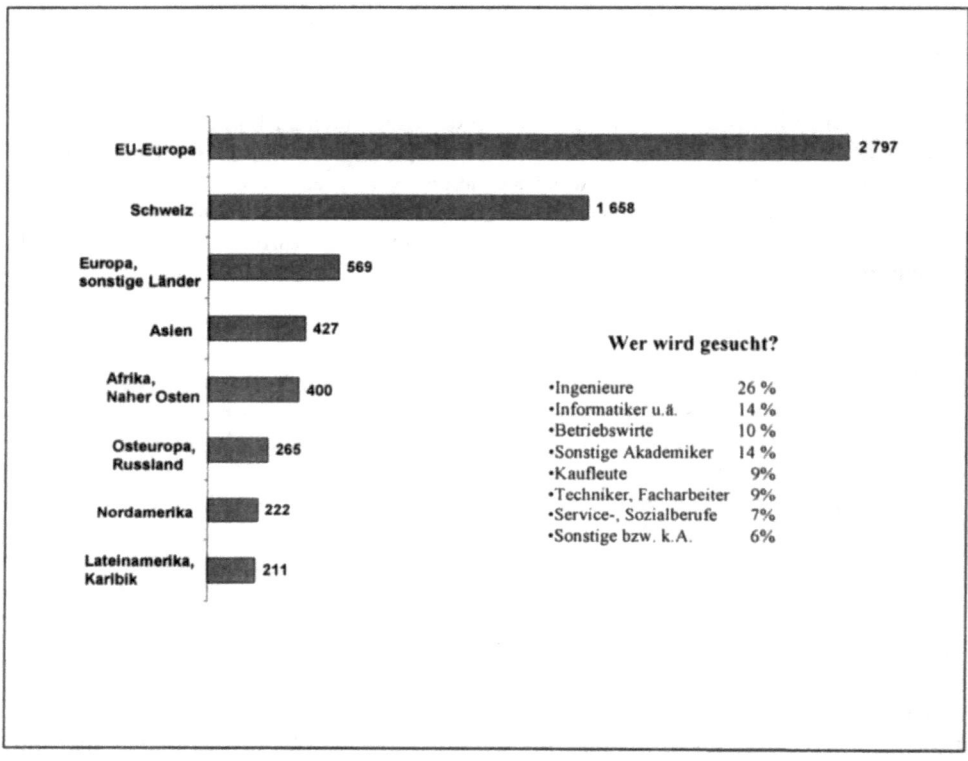

Abbildung 2-1: Stellenangebote für den Auslandseinsatz (September 1998 bis August 1999). Quelle: Eigene Darstellung nach Angaben von Adecco Personaldienstleistungen (1999)

Eine sehr rasante Entwicklung haben in jüngerer Zeit die elektronischen „Jobbörsen" genommen, die durch ihre Einbettung in das World Wide Web eine weltweite Streuung erzielen können. Die Jobbörsen bieten den Vorteil der logischen Vorsortierung („Zeige mir alle Auslandsstellen für Softwareentwickler in der Bankbranche..." etc.), erfordern jedoch angesichts der ständigen Zugriffsmöglichkeit einen hohen Pflegeaufwand durch die Betreiber. „Einige Jobbörsen kooperieren mit Zeitungsverlagen, was eine parallele Schaltung von Internet- und Zeitungsanzeigen ermöglicht."[1] Suchende Unternehmen können ferner ihre Vakanzen auf der eigenen Homepage veröffentlichen, auf die der potenzielle Bewerber dann im Direktzugriff oder über Suchmaschinen stößt. Schließlich

---

[1] Scholz (1998, 427)

gibt es den Weg des „customised newsletter", über den Unternehmen per e-mail ihre internationalen Vakanzen an solche Internet-Nutzer kommunizieren können, die zuvor kundgetan haben, dass sie an derartigen Informationen interessiert sind.

2.4 Auswahlverfahren

Zur Auswahl von Personal haben sich mittlerweile eine Vielzahl von Verfahren (u.a. Interviews, Intelligenz-, Leistungs- und Persönlichkeitstests, Biographische Fragebogen, Assessment-Center) herausgebildet, die von der betrieblichen Praxis sehr unterschiedlich angewendet werden. Bei der Auswahl des geeigneten eignungsdiagnostischen Instruments sollten die in Tabelle 2-2 erwähnten Gütekriterien beachtet werden.

In den meisten Fällen dürfte in der heutigen Zeit für die Auswahl von Fach- und Führungskräften ein Methodenmix aus verschiedenen Instrumenten der Eignungsdiagnostik üblich sein. „Über die Frage, welches Auswahlverfahren sich besonders für den Einsatz im internationalen Kontext eignet, herrscht weder in der Literatur noch in der Praxis Konsens."[1] Horsch[2] hat im Rahmen einer Unternehmensbefragung (20 deutsche multinationale Unternehmen mit insgesamt ca. 54 000 Mitarbeitern) auf die Frage „Welche Auswahlverfahren werden bei der Besetzung von Auslandspositionen angewendet?" die in Tabelle 2-4 wiedergegebenen Antworten erhalten.

---

[1] Weber et al. (1998, 127)
[2] vgl. Horsch (1995)

Gütekriterien für Auswahlinstrumente	
Gütekriterium	Erläuterung
■ Reliabilität (Verlässlichkeit)	Inwieweit sind Messergebnisse bei wiederholter Messung reproduzierbar?
■ Validität (Treffsicherheit, Gültigkeit)	Misst das Verfahren auch tatsächlich das, was gemessen werden soll?
■ Objektivität	Kommen mehrere Anwender unabhängig voneinander zur gleichen Diagnose?
■ Ökonomie	Hält sich der Aufwand für das Verfahren in vertretbaren Grenzen?
■ Nützlichkeit	Ist das Verfahren für die Entscheidungsfindung „wertvoll"?

Tabelle 2-3: Gütekriterien für Auswahlinstrumente. Quelle: Eigene Darstellung nach Schanz (1993, 303 f.)

Auswahlverfahren bei der Besetzung von Auslandspositionen				
Auswahlverfahren	Intensität			
	Regelmäßig	Teilweise	Selten	Gesamt
1. Interview	80 %	15 %	0 %	95 %
2. Personalbeurteilung	80 %	0 %	0 %	80 %
3. Assessment-Center	10 %	15 %	10 %	35 %
4. Persönlichkeitstests	0 %	5 %	10 %	15 %

Tabelle 2-4: Auswahlverfahren für den internationalen Personaleinsatz. Quelle: Horsch (1995, 152), leicht modifiziert.

2.4.1 Auswahlgespräch

Obwohl dem Instrument des Auswahlgespräches regelmäßig nur geringe Reliabilität, Validität und Objektivität bescheinigt wird,[1] verzichtet kaum ein Unternehmen auf den Einsatz dieses Auswahlinstrumentes. Neben der Unterstützung bei der Personalauswahlentscheidung können mit dem Auswahlgespräch auch eine Reihe von weiteren Funktionen (zum Beispiele Informationen für und über den Bewerber, persönliches Kennenlernen, mögliche Vertragsmodalitäten etc.) erfüllt werden. Zudem gibt es einige Möglichkeiten, die dazu dienen können, die methodischen Schwächen des konventionellen Auswahlgespräches in einem gewissen Maße zu korrigieren.[2]

Folgt man der Kategorisierung von Scholz hinsichtlich der Ausgestaltungsform des Interviews,[3] ergeben sich folgende Ansatzpunkte für eine Verbesserung der methodischen Qualität des Auswahlgespräches:

Freiheitsgrad des Interviews: Anstelle des freien Interviews kann ein strukturiertes oder ein halbstrukturiertes (auf der Basis eines Leitfadens) Auswahlgespräch durchgeführt werden. Für den internationalen Personaleinsatz hat Stahl[4] ein strukturiertes Auswahlinterview entwickelt, in dem sich der Kandidat zunächst selbst vorzustellen hat. Hierbei geht es vor allem um die mit dem Auslandseinsatz verbundenen Ziele und Erwartungen des Kandidaten. Eine weitere Komponente ist der biographische Teil des Interviews, in dem unter anderem das bisherige Mobilitätsverhalten, internationale Erfahrungen und Fremdsprachenkenntnisse erfragt werden. In einem dritten Teil geht es bei der Beantwortung von situativen Fragen und der Durchführung von Rollenspielen darum, wie sich ein Kandidat wahrscheinlich bei bestimmten Situationen verhalten würde. „Das Ausgangsmaterial für die Erstellung der situativen Fragen und Rollenspiele bilden kritische Situationen im Auslandseinsatz. Diese werden durch Befragung von aktuellen oder ehemaligen Entsandten aus dem Einsatzland, für das ein strukturiertes Auswahlinterview konstruiert werden soll, ermittelt."[5]

Anzahl der beteiligten Personen: Bei der Auswahl von Fach- und Führungskräften für den Auslandseinsatz dürfte ein Gruppeninterview, das heißt die zeitgleiche Einbeziehung mehrerer Kandidaten in ein Auswahlgespräch, eher die Ausnahme sein. Seitens der Interviewer wird es jedoch regelmäßig mehrere Beteiligte geben. Wichtig ist insbesondere die Mitwirkung des aufnehmenden Bereiches im Einsatzland und, sofern vorhanden, der dortigen Personalabteilung. Entweder führen die zuständigen Mitarbeiter der Personalabteilung und der Fachabteilung das Auswahlgespräch gemeinsam – eventuell sogar im Rahmen einer erweiterten Auswahlkommission - durch, oder sie interviewen den Kandi-

---

[1] vgl. z.B. Weinert (1998, 293 ff. m.w.N.)
[2] vgl. Schuler (1995, 134 m.w.N.)
[3] vgl. Scholz (1994, 243 f.)
[4] vgl. Stahl (1995, 56 ff. m.w.N.)
[5] Stahl (1995, 57)

daten separat und besprechen im Anschluss ihre jeweiligen Einschätzungen hinsichtlich seiner Eignung für den Auslandseinsatz. Sofern das Interview am Einsatzort stattfindet, kann auch das Instrument des „Interview on the move"[1], bei dem der Kandidat das potenzielle Arbeitsumfeld direkt in Augenschein nimmt und dabei mit diversen Mitarbeitern Gespräche führt, sinnvoll sein.

Sonderformen des Interviews: Zu überlegen ist, ob für die zu besetzende Vakanz der Einsatz von Sonderformen für Interviews sinnvoll ist. Denkbar sind zum Beispiel Stressinterviews (der Kandidat wird bewusst unter Druck gesetzt), oder auch Tiefeninterviews, bei denen „unbewusste Einstellungen, Werte oder Motive an das Tageslicht gebracht werden" sollen.[2]

Bei der Vor- und Nachbereitung sowie der Durchführung des Auswahlgespräches sollten die üblichen Gesprächsregeln (zielgerichtete Vorbereitung, keine Störungen, Mitschrift, aktives Zuhören etc.) beachtet werden. Sofern ein in die engere Auswahl gekommener Kandidat nicht alleinlebend ist, ist es sehr zu empfehlen, dass der Ehe- oder Lebenspartner mit zu weiteren Gesprächen eingeladen wird.

2.4.2 Assessment-Center

Bei der Personalauswahl in größeren Unternehmen, insbesondere bei der Auswahl von Führungsnachwuchskräften, hat die in den dreißiger Jahren im militärischen Bereich entwickelte und in den fünfziger Jahren auf die Wirtschaft übertragene Assessment-Center Methode mittlerweile große Verbreitung gefunden. Dem Assessment-Center wird eine relativ hohe prognostische Validität bescheinigt.[3] Ein Assessment-Center ist im wesentlichen dadurch gekennzeichnet, dass

- „mehrere Beurteilungsverfahren (Methoden-Mix) zum Einsatz kommen, wie Interviews, Tests, biographische Fragebogen, Fallstudien, Postkorbübung, führerlose Gruppendiskussion,
- [in der Regel, T.P.] mehrere Kandidaten über mehrere Tage beobachtet werden,
- mehrere Beurteiler die Kandidaten bewerten, was zu einer größeren Objektivität führt,
- mehrere Bewertungskriterien bzw. -dimensionen festgelegt werden, wobei auch das Umgehen mit Anforderungen aus künftigen Tätigkeiten getestet werden kann,
- Rückkopplung der Beurteilungen an die Teilnehmer in Einzelgesprächen"[4] gegeben werden.

---

[1] Mullins (1999, 752)
[2] Scholz (1994, 243)
[3] vgl. Schanz (1993, 310 m.w.N.)
[4] Staehle (1991, 744 m.w.N.)

Aus dieser allgemeinen Darstellung des Assessment-Center ergibt sich für den Einsatz dieser Methode bei der Auswahl von Mitarbeitern für den Auslandseinsatz zunächst die Forderung, dass die eingesetzten Übungen spezifisch auf den in Aussicht stehenden Auslandseinsatz abgestimmt sein sollten. Die einzelnen Übungen können beispielsweise kulturelle Überschneidungssituationen simulieren, in denen die Kandidaten zeigen sollen, ob sie sich in den hypothetischen, aber im Regelfall aus echten Ereignissen abgeleiteten, Situationen „richtig" verhalten würden.[1] Die Übungen müssen darüber hinaus so konstruiert sein, dass mit ihnen die in Abschnitt 2.2 diskutierten konkreten Anforderungskriterien auch tatsächlich erfasst werden können. Tabelle 2-5 zeigt beispielhaft die Übungen und Anforderungsmerkmale eines von der Universität Bayreuth entwickelten interkulturellen Assessment-Center.

Bei einem auslandsorientierten Assessment-Center sollte unbedingt beachtet werden, dass auch ehemalige und/oder aktive Expatriates und Mitarbeiter des Gastlandes Mitglieder des Beobachtergremiums werden. Ferner sind die Assessment-Center „in der jeweiligen Geschäfts- oder Verhandlungssprache durchzuführen - im Zweifel auch mit Dolmetschern, wenn das der übliche Weg der Kommunikation zwischen Expatriates und lokalen Mitarbeitern ist. Diese Methode eignet sich in besonderer Weise, um zu erkennen, ob und inwieweit der Kandidat in der Lage ist, kulturübergreifend zu kommunizieren und auf seine Arbeitskollegen, Mitarbeiter, Geschäfts- oder Verhandlungspartner aus dem Gastland einzugehen."[2]

Ein Gruppen-Assessment-Center für die Auswahl für Auslandseinsätze wird, sofern sich der damit verbundene Aufwand in vertretbaren Grenzen hält (Gütekriterium „Ökonomie") im Regelfall nur mit jüngeren Kandidaten durchgeführt, die sich in der Managementhierarchie eines Unternehmens noch in den „unteren" Ebenen (zum Beispiel Führungsnachwuchskräfte) befinden. Für die Auswahl erfahrenerer Manager kann das Instrument des Assessment-Center allerdings auch zum Einsatz kommen, dann jedoch meistens in Form eines Einzel-Assessment-Center, oder aber in abgewandelter Form, wie beispielsweise mittels der bei der Siemens AG verwendeten „self assessment-Bögen", die dem Kandidaten „helfen, sich über die möglichen Risiken und Konfliktpotenziale des Auslandseinsatzes bewusst zu werden und zu überprüfen, ob Position und Land für ihn persönlich die richtige Wahl sind."[3]

---

[1] vgl. Stahl (1995, 62 ff.), Friedrich (1997, 302 ff.)
[2] Reisach (1996, 357)
[3] vgl. Reisach (1996, 357) und Halcrow (1999, 44)

Interkulturelles Assessment-Center										
	Determinanten interkultureller Effektivität									
Übungen	Ambiguitätstoleranz	Emotionale Stabilität	Selbstreflexion	Kontrollüberzeugungen	Leistungsmotivation	Kontaktfähigkeit	Einfühlungsvermögen	Polyzentrismus	Verhaltensflexibilität	Metakommunikation
Vorstellung	x	x	x	x	x	x	x	x	x	
Ausdruck von Emotionen		x					x		x	
Rollenspiele	x	x	x				x	x	x	x
Analyse von Filmsequenzen							x			
Schriftliche Fallstudien							x	x		
Fallstudie „Marketingsitzung"			x							
Film und Rollenspiel	x						x	x		
Fragebogen interkultureller Kompetenz	x	x	x	x	x	x	x	x	x	
Gruppendiskussion „Auslandseinsatz"		x			x		x	x	x	x
Gruppendiskussion „Betriebsklima"		x			x		x	x	x	x
Gruppenübung „Know-how Transfer"	x	x	x		x	x	x	x	x	x

Tabelle 2-5: Anforderungsmerkmale und Übungen im Interkulturellen Assessment-Center. Quelle: Modifizierte Darstellung aus Stahl (1995, 63)

2.4.3 Das Mengenproblem bei der Auswahl

Die für die Auswahl von Auslandsmitarbeitern zuständigen Personalmanager stehen nicht selten vor dem Problem, nicht in ausreichender Anzahl Kandidaten für Vakanzen im Ausland zu haben.[1] Für Einsatzgebiete mit einem gewissen „touristischen" Wert sind normalerweise (und verständlicherweise?) einfacher Mitarbeiter zu gewinnen als für Einsätze in Regionen, deren Lebensbedingungen und/oder andere Rahmenbedingungen sehr vom heimatlichen Standard abweichen. Wenn dennoch auch Positionen in weniger attraktiven Zielorten besetzt werden können, mag dies zum einen natürlich an der Weltoffenheit und der Flexibilität der betreffenden Kandidaten liegen, vielleicht spielt aber auch die Angst eine Rolle, bei Ablehnung nicht mehr als „Karrierekandidat" gesehen zu werden. Ein Jungmanager brachte diese Befürchtung einmal auf die drastische Formel: „Das Risiko, auf der Shit-Liste zu stehen, ist einfach zu hoch."[2]

Welches sind nun die Gründe, die dazu führen, dass Mitarbeiter häufig nicht in dem von den Unternehmen gewünschten Umfang bereit sind ins Ausland zu gehen? Die folgende Aussage dürfte mittlerweile für die meisten Unternehmen Gültigkeit haben: „Der häufigste Grund, warum eine Auslandsentsendung abgelehnt wird, ist der, dass wir [IBM Deutschland] für die Partner keinen Job haben."[3] Schon in der Untersuchung von Wirth wurde die „ablehnende Haltung des Ehepartners" mit 71 % der Nennungen (n = 63 Unternehmen mit insgesamt 2,1 Mio. Mitarbeitern) als der häufigste Grund für die Ablehnung einer Auslandstätigkeit genannt.[4] Dieser Grund ist naturgemäß noch gewichtiger, wenn beide Partner „karriereorientiert berufstätig"[5] sind, sie also ein „Dual Career Couple (DCC)" darstellen. Falls die DCC-Partner beide im selben Unternehmen beschäftigt sind, kann es in (sehr) seltenen Fällen möglich sein, dass beide Partner zusammen ins Ausland versetzt werden. Existiert kein gemeinsamer Arbeitgeber, erschwert sich die Problemlage; hier kann die Bereitschaft eines DCC-Partners ins Ausland zu gehen gegebenenfalls dadurch gesteigert werden, wenn für den anderen Partner seitens des Arbeitgebers Unterstützung bei der Arbeitssuche im Einsatzland (zum Beispiel über befreundete Unternehmen und/oder über internetbasierte Netzwerke[6]) zugesichert wird – zugegebenermaßen in den meisten Fällen ein äußerst schwieriges Unterfangen.

Mit den DCCs ist das Thema „Karrierenachteile" bereits angesprochen, welches ebenfalls als gesonderter Ablehnungsgrund (also beispielsweise auch bei Singles) beachtet werden muss. In Wirths Untersuchung wird dieser Ablehnungsgrund mit 41 % der Nennungen angeführt: „Bei den erwarteten Karrierenachteilen als Ablehnungsgrund findet sich das (...) Bedürfnis nach Sicherheit im Hinblick auf die Situation nach der Rückkehr

---

[1] vgl. z.B. Kopp (1994, 590)
[2] Managermagazin (1998 a, 217)
[3] Siebrasse (1999)
[4] vgl. Wirth (1992, 133)
[5] Domsch/Krüger-Basener (1995, 528)
[6] vgl. z.B. http://www.outpostexpat.nl/sec

ins Stammhaus wieder. Niemand kann einem Mitarbeiter zusichern, welche konkrete Aufgabe er in beispielsweise vier Jahren einnehmen kann. Das wird so akzeptiert. Aber bei befristeten [Auslandseinsätzen] wird es zum Problem, wird dieser weiße Fleck bewusst."[1] In engem Zusammenhang mit den befürchteten Karrierenachteilen steht auch die Wahrnehmung der Karrierepfade ehemaliger Expatriates durch potenzielle Auslandskandidaten. „Wenn die letzten beiden Kollegen, die als Expatriate für das Unternehmen in Antigua und Barbuda waren, nach ihrer Rückkehr nach Deutschland nicht reüssierten, soll ich dann wirklich das Angebot nach Antigua und Barbuda zu gehen annehmen?" – So oder ähnlich könnten die Überlegungen möglicher Kandidaten ablaufen, wenn ein Unternehmen es versäumt, die Gründe für tatsächlich gescheiterte Auslandseinsätze und „schlechte" Reintegrationen im zulässigen Rahmen hinreichend transparent zu machen. Vor allem sollten aber auch die sich an Auslandseinsätze anschließenden „Erfolgsstories" bewusst im Unternehmen kommuniziert werden, damit diese positiven Beispiele die Vorbildrolle übernehmen können.

Weitere mögliche Ursachen, die zu einem „Mengenproblem bei der Auswahl" führen können, sind:

- „Krankheit oder Gebrechlichkeit der Eltern,
- ausgeprägte Ängste der Kinder,
- vorhandene Krankheit oder besonders krankheitsanfällige Kinder (angeborene Schwächen, Fehlfunktionen etc.),
- Kinder mit Lernstörungen bzw. Verhaltensauffälligkeiten"[2]

Auch die zunehmend vorhandene „Internationalisierung individueller Lebensläufe" jüngerer Menschen ist keineswegs ein Garant für eine grundsätzlich höhere Bereitschaft im Ausland zu arbeiten. Nach (beispielsweise) einem High-School-Jahr in den USA, einem Aupair-Aufenthalt in Frankreich, zwei Auslandsstudiensemestern in Spanien, einem Praxissemester in Mexiko sowie einem Auslandsaufenthalt von mehreren Monaten als Trainee in Polen, kann es durchaus vorkommen, dass ein Mitarbeiter mit einem solchen Lebenslauf nicht zu jedem Auslandsangebot uneingeschränkt ja sagt.

---

[1] Wirth (1992, 135)
[2] IFIM (1994, 6)

2.5 Der Abschluss des Arbeitsvertrages für den Auslandseinsatz

> **Fall: Vor dem Vertragsabschluß**
>
> Nach Abschluss des Auswahlverfahrens steht fest, dass die Position in Singapur mit Bernd Bernstein besetzt werden soll. Geplant ist zunächst ein zeitlich befristeter Einsatz von drei Jahren.
>
> Bernstein erfährt auf See von der Entscheidung und ist sehr erfreut darüber. Mit seiner Familie hatte er vorab geklärt, dass sie ihn nach Singapur begleiten wird. Jetzt, nachdem die Entscheidung fest steht, stellen sich ihm aber von Tag zu Tag immer mehr Fragen. Hört man nicht immer wieder, dass ein Großteil von Auslandseinsätzen scheitert? Wie teuer ist das Leben in Singapur? Was passiert nach Beendigung des Auslandseinsatzes? Wie wird es meiner Familie gefallen? – Bernstein beschließt, alle ihm wichtig erscheinenden Punkte schriftlich zu sammeln, um für das demnächst bevorstehende Gespräch in der Bremer Personalabteilung gut vorbereitet zu sein. Telefonisch bittet er auch seine Frau, eine solche Sammlung vorzunehmen.
>
> Auch bei D in Bremen freut man sich, dass Kapitän Bernstein demnächst „Unser Mann in Singapur" sein wird. Nun gilt es die Rahmenbedingungen für den Einsatz von Bernstein und für den Vertrag mit ihm abzustecken. Durch den Kopf der Personalleiterin schwirren auch eine Menge Fragen, die teilweise auch schon bei der allerersten Brainstorming-Runde auftauchten, jetzt aber wesentlich konkreter sind: Was für ein „Expatriate Paket" wird Bernstein fordern? Was können wir ihm zugestehen? Worauf müssen wir aufgrund unserer Fürsorgepflicht als Arbeitgeber besonders achten?
>
> **Aufgaben zum Fallbeispiel:**
> 1. Versetzen Sie sich in die Rolle der Bernsteins und stellen Sie deren Gedankensammlung zusammen!
> 2. Skizzieren Sie einen Entwurf eines Arbeitsvertrags für den geschilderten Auslandseinsatz!

Im Rahmen des Auswahlverfahrens müssen auch die Konditionen, die für die Zeit des Auslandseinsatzes gelten sollen, erörtert und vereinbart werden. Im Folgenden wird – analog zu der Fallstudie – davon ausgegangen, dass ein bereits im Unternehmen beschäftigter Mitarbeiter der endgültig ausgewählte Kandidat sei, das heißt, dass bereits ein inländischer Anstellungsvertrag vorliegt. Die Alternative, dass ein externer Bewerber eingestellt wird, soll an dieser Stelle nicht weiter diskutiert werden; in vielen Fällen würde bei einer solchen Konstruktion der Arbeitsvertrag direkt zwischen der ausländischen Gesellschaft und dem neuen Mitarbeiter abgeschlossen. Eine weitere Einschränkung in den nachstehenden Ausführungen liegt darin, dass ausschließlich die Fallgestaltung der Versetzung behandelt wird; der Expatriate wird also nach Ablauf seines Auslandsaufenthalts im Normalfall zu seiner Heimatgesellschaft zurückkehren. Unter diesen Annahmen wird ein Kandidat sich vor allem mit den in Tabelle 2-6 zusammengestellten Fragen beschäftigen:

Fragen zum Arbeitsvertrag bei Versetzung ins Ausland
1. Brauche ich für meine Tätigkeit im Ausland einen speziellen Arbeitsvertrag?
2. Welchen Arbeitsrechtsschutz habe ich im Einsatzland?
3. Unterliege ich im Ausland der deutschen Sozialversicherungspflicht?
4. Welche Zusatzversicherungen brauche ich?
5. Wo muss ich mein Einkommen versteuern?
6. Ist der Betriebsrat in Deutschland weiterhin für mich zuständig?
7. Wer übernimmt zusätzliche Kosten (zum Beispiel Wohnungssuche, Umzug etc.)?
8. Wie sieht meine vertragliche Situation nach der Rückkehr aus?

Tabelle 2-6: Fragen zum Arbeitsvertrag bei Versetzung ins Ausland. Quelle: Eigene Darstellung in Anlehnung an Weber (1998, 240 f.)

Bittner/Reisch weisen darauf hin, dass die Verhandlungen über die Vertragskonditionen schnell zu einem „Vertragspoker" ausarten können, mit den unerwünschten Nebeneffekten, dass die Mitarbeiter der Personalabteilung zum einen in einen Rollenkonflikt (einerseits Berater, andererseits „Verhandlungsgegner") geraten können und es zum anderen passieren kann, dass aufgrund des durch „harte Verhandlungen erzeugten Klima[s] irrationaler-, aber psychologisch verständlicherweise nicht selten überaus sinnvolle Vorbereitungsmaßnahmen zum Opfer [fallen]: Dem Mitarbeiter, der sich bei den Vertragsverhandlungen mit ‚schier aberwitzigen' Forderungen durchgesetzt hat, wird man beispielsweise weniger bereitwillig Vorbereitungsmaßnahmen für die Partnerin anbieten und finanzieren. Das Problem lässt sich zumindest abschwächen, wenn ‚Beratung' und ‚Vertragsverhandlungen' nicht durch die gleichen Personalabteilungsmitarbeiter durchgeführt werden."[1]

---

[1] Bittner/Reisch (1994, 178)

2.5.1 Arbeitsvertrag

Während noch vor einigen Jahren so manche Versetzung ins Ausland „nach Gutsherrenart" und mit einem Minimum an schriftlichen Regelungen erfolgte, ist heute die Verwendung von speziellen Arbeitsverträgen mit der Vereinbarung der Versetzungskonditionen die Regel und teilweise auch gesetzlich vorgeschrieben. Nach § 2 Abs. 2 des Nachweisgesetzes von 1995 müssen grundsätzlich folgende wesentlichen Vertragsbestimmungen dokumentiert sein:

1. „die Dauer der im Ausland auszuübenden Tätigkeit,
2. die Währung, in der das Arbeitsentgelt ausgezahlt wird,
3. ein zusätzliches mit dem Auslandsaufenthalt verbundenes Arbeitsentgelt und damit verbundene Sachleistungen,
4. die vereinbarten Bedingungen für die Rückkehr des Arbeitnehmers."[1]

In Unternehmen, in denen der Einsatz von Expatriates keine Ausnahmeerscheinung ist, sind aus Effizienz- und Gerechtigkeitsgründen Standardverträge üblich, die wiederum in Detailfragen auf die jeweils gültigen Fassungen von umfangreichen unternehmensinternen Versetzungsrichtlinien („International Transfer Policy" o.ä.) verweisen. Die zwischen Heimatgesellschaft und Expatriate vereinbarten Bedingungen des Versetzungsvertrages müssen sich im Anstellungsvertrag zwischen der ausländischen Gesellschaft und dem Expatriate widerspiegeln. Dieser lokale Anstellungsvertrag muss im übrigen den jeweils landesspezifischen Anforderungen genügen. „Der mit der Heimatgesellschaft bestehende [bisherige] Vertrag ruht. Ähnlich wie beim Wehrdienst oder beim Erziehungsurlaub eines Arbeitnehmers wird das Arbeitsverhältnis nicht gelöst, jedoch entfallen die Hauptpflichten der Arbeit und Lohnzahlung, während die Nebenpflichten, wie Fürsorge- und Treuepflicht, bestehen bleiben."[2]

2.5.2 Arbeitsrechtsschutz

Im Rahmen der Privatautonomie können sich die Vertragsparteien gemäß des Prinzips der freien Rechtswahl darüber einigen, ob der Versetzungsvertrag in Teilen oder in Gänze dem deutschen oder aber dem jeweiligen ausländischen Arbeitsrecht unterliegen soll. Aus Sicht des Expatriates wird es im allgemeinen vorteilhaft sein, dass das deutsche Recht zugrunde gelegt wird.[3] Hinsichtlich des Arbeitsrechtsschutzes ist allerdings zu beachten, dass „die Rechtswahl nicht dazu genutzt werden [darf], ansonsten zwingende Schutzvorschriften zu umgehen, die der Arbeitnehmer ohne Rechtswahlentscheidung hätte in Anspruch nehmen können. Somit wird ein Gericht im Streitfall prüfen, welches

---

[1] § 2 Abs. 2 NachwG
[2] DGFP (1995, 42)
[3] vgl. Weber (1998, 240)

Recht ohne Rechtswahl auf das Arbeitsverhältnis Anwendung gefunden hätte. Wird der Arbeitnehmer durch die Rechtswahl schlechter gestellt, so findet trotz Rechtswahl das günstigere Recht Anwendung (Günstigkeitsprinzip)."[1]

2.5.3 Sozialversicherung

„Für die Sozialversicherungspflicht gilt grundsätzlich das Territorialitätsprinzip, d.h. bei Arbeitnehmern besteht in der Regel eine Sozialversicherungspflicht im Tätigkeitsstaat. Abweichungen hiervon können sich aufgrund spezieller deutscher Vorschriften sowie durch bilaterale Abkommen über soziale Sicherheit bzw. die Regelungen für den Europäischen Wirtschaftsraum ergeben."[2] Kein Arbeitnehmer kann in der heutigen Zeit noch wissen, in welchem Umfang er im Bedarfs- beziehungsweise Versorgungsfall die Leistungen der **deutschen Sozialversicherung** in Anspruch nehmen kann. Aufgrund dieser Erkenntnis können einige deutsche Expatriates unter Umständen geneigt sein, das Thema des Verbleibs in der deutschen Sozialversicherung zu vernachlässigen (Motto: „Das bringt doch ohnehin nicht viel."). Aufgrund von Entwicklungen in der Vergangenheit ist vor einer solchen Haltung nur zur warnen und die Empfehlung auszusprechen, stets zu versuchen, in der deutschen Sozialversicherung zu verbleiben. Änderungen in den Bestimmungen der einzelnen Zweige der Sozialversicherung können mitunter auf zurückliegende Vorversicherungszeiten abstellen. Liegen diese Vorversicherungszeiten aufgrund von Auslandsaufenthalten nicht vor, lässt sich dies, wenn überhaupt, nur sehr schwierig und kostenintensiv korrigieren. Tabelle 2-7 gibt einen einführenden Überblick, wie und auf welcher Basis die einzelnen Sozialversicherungszweige auch bei einer Versetzung[3] ins Ausland fortgeführt werden können.

In engem Zusammenhang mit der gesetzlichen Sozialversicherung steht die Frage der betrieblichen Altersversorgung, die von den Unternehmen in unterschiedlichster Weise (zum Beispiel Extraversorgungswerke für „Transpatriates") geregelt werden kann. Eine bei deutschen Unternehmen weit verbreitete Regelung im Versetzungsvertrag lautet etwa wie folgt:

„Ihre betriebliche Altersversorgung wird entsprechend der hier geltenden Regelung fortgeführt. Basis für die jährliche Dotierung ist Ihr fortgeschriebenes Inlandsgehalt (Schattengehalt). Wenn Sie im Ausland zusätzliche Versorgungsansprüche aufgrund von Firmenbeiträgen erwerben, werden wir diese auf Ihre betrieblichen Versorgungsansprüche anrechnen, die Sie während dieser Zeit bei uns oder – auf Basis des fir-

---

[1] Oechsler (1996, 404 f.)

[2] Skiba (1997, 481)

[3] zu den deutschen Sozialversicherungsbedingungen bei einer Entsendung ins Ausland im Sinne der Ausstrahlung gemäß § 4 SGB IV (deutsches Beschäftigungsverhältnis besteht in vollem Umfang fort und die Beschäftigung im Ausland erfolgt für den deutschen Arbeitgeber) vgl. DGFP (1995, 152 ff.)

menfinanzierten Anteils - bei einem selbständigen Versorgungsträger (Pensionskasse) erreicht haben."[1]

Fortführung der deutschen Sozialversicherung bei Versetzung ins Ausland
Versetzung in ein Mitgliedsland des Europäischen Wirtschaftsraumes
■ Die Fortführung der deutschen Sozialversicherung ist in allen Zweigen (Krankenversicherung, Rentenversicherung, Arbeitslosenversicherung, Pflegeversicherung, Unfallversicherung) möglich. ■ Erforderlich: Antrag des deutschen Arbeitgebers (inklusive Einverständniserklärung des Arbeitnehmers) auf Ausnahmevereinbarung beim AOK-Bundesverband, Deutsche Verbindungsstelle Krankenversicherung. ■ Mit der Unterstellung unter die deutsche Sozialversicherung wird die Freistellung von der Sozialversicherung im Einsatzland ermöglicht.
Versetzung in ein Land mit Sozialversicherungsabkommen mit der BRD
■ Die Fortführung der deutschen Sozialversicherung in den jeweiligen Zweigen hängt von der Ausgestaltung des Sozialversicherungsabkommens ab. (Beispielsweise bezieht sich das Abkommen mit den USA ausschließlich auf die Rentenversicherung). ■ Erforderlich: Antrag des deutschen Arbeitgebers (inklusive Einverständniserklärung des Arbeitnehmers) auf Ausnahmevereinbarung beim Bundesminister für Arbeit und Sozialordnung beziehungsweise für die USA beim AOK-Bundesverband, Deutsche Verbindungsstelle Krankenversicherung. ■ Mit der Unterstellung unter die deutsche Sozialversicherung wird die Freistellung von den im jeweiligen Abkommen erfassten Zweigen der Sozialversicherung im Einsatzland ermöglicht.

Tabelle 2-7: Fortführung der deutschen Sozialversicherung bei Versetzung ins Ausland. Quelle: Eigene Darstellung auf der Basis von DGFP (1995)

---

[1] DGFP (1995, 137)

Versetzung in ein Land mit Sozialversicherungsabkommen mit der BRD (fortgesetzt)
■ Sofern die Krankenversicherung und die Pflegeversicherung nicht im normalen Umfang fortgeführt werden (können), sollte versucht werden, für diese Zweige eine Anwartschaftsversicherung (Mitgliedschaft ohne Leistungsanspruch; dient der Sicherung von Versicherungszeiten) abzuschließen. ■ Eine freiwillige Fortführung der deutschen Arbeitslosenversicherung ist nicht möglich (relevant für den Fall, dass die Arbeitslosenversicherung nicht im Sozialversicherungsabkommen abgedeckt ist).
Versetzung in ein Land ohne Sozialversicherungsabkommen mit der BRD
■ Aufgrund des Territorialitätsprinzips unterliegt der Expatriate grundsätzlich in vollem Umfang den Sozialversicherungsbestimmungen im Einsatzland. ■ Möglich, und trotz der eventuellen Doppelversicherung (im Einsatzland und in Deutschland) zu empfehlen: Fortführung der deutschen Rentenversicherung als Pflichtversicherung auf Antrag (beim zuständigen Rentenversicherungsträger) oder freiwillige Rentenversicherung. ■ Für die Krankenversicherung und die Pflegeversicherung sollte versucht werden, eine Anwartschaftsversicherung (s.o.) abzuschließen. ■ Eine freiwillige Fortführung der deutschen Arbeitslosenversicherung ist nicht möglich.

Tabelle 2-7 (fortgesetzt): Fortführung der deutschen Sozialversicherung bei Versetzung ins Ausland.

2.5.4 Zusatzversicherungen

Hinsichtlich der Notwendigkeit abzuschließender Zusatzversicherungen müssen die Bedingungen des jeweiligen Einsatzlandes in besonderem Maße berücksichtigt werden. Tabelle 2-8 erörtert einige Versicherungen, deren Abschluss vor einer Versetzung ins Ausland überlegt werden sollte.

Zusatzversicherungen für den Auslandseinsatz	
■ Auslandskrankenversicherung	Zwingend erforderlich, wenn kein hinreichender (vor allem in qualitativer Hinsicht) gesetzlicher Krankenversicherungsschutz gegeben ist.
■ Krankenrücktransportversicherung	Überlegenswert, sofern ein Krankenhausaufenthalt im Einsatzland unzumutbar erscheint.
■ Unfallversicherung	In größeren Unternehmen ist eine kollektive Unfallversicherung für alle Expatriates üblich.
■ Haftpflichtversicherung	Wegen der gegebenenfalls höheren Haftpflichtrisiken im Einsatzland zu empfehlen.
■ Rechtsschutzversicherung	Aufgrund der im Regelfall im Detail nicht vorhandenen Kenntnisse über die rechtliche Situation im Einsatzland empfehlenswert.
■ Versicherungen im Zusammenhang mit der Verlegung des Wohnsitzes	Hier ist an die Umzugsversicherung, Reisegepäckversicherung, Hausratversicherung und an die PKW-Versicherung zu denken.
■ Versicherungsschutz für den Entführungsfall	In einigen Einsatzländern kann der Expatriate bevorzugtes Objekt von Straftätern (Entführung mit Lösegeldforderungen) sein. Versicherungsschutz für die Kosten von Befreiungsaktionen und Lösegeldzahlungen ist grundsätzlich möglich, muss aber sehr sorgfältig abgewogen werden.
■ Lebensversicherung	Es ist bei bestehenden Lebensversicherungen zu prüfen, ob das Einsatzgebiet eventuell zu einem Leistungsausschluss führt.

Tabelle 2-8: Zusatzversicherungen bei Versetzung ins Ausland. Quelle: Eigene Darstellung

2.5.5 Besteuerung

Die Frage der persönlichen Besteuerung eines Expatriates ist dermaßen komplex, dass sich die Ausführungen an dieser Stelle darauf beschränken müssen, exemplarisch die Situation des Expatriates aus der Fallstudie (mehrjähriger Einsatz in Singapur) in steuerlicher Hinsicht zu beleuchten.[1] Zunächst ist die ganz praktische Handlungsempfehlung auszusprechen, sich bei einem Auslandseinsatz auf alle Fälle von steuerlichen Experten beraten zu lassen, und zwar sowohl im Heimatland als auch im Gastland. Die Steuerberater sollten die Beratung miteinander abstimmen, dies lässt sich nicht im übrigen nicht nur durch die Inanspruchnahme einer weltweit vertretenden Steuerberatungsgesellschaft realisieren,[2] häufig sind auch kleinere Steuerkanzleien in ein sehr persönliches internationales Netzwerk von Steuerberatern eingebunden. Weiterhin sollten sowohl der Arbeitnehmer als auch die Arbeitgeberseite darauf bedacht sein, dem Grundsatz der Steuerehrlichkeit gerecht zu werden; eine kreative Steueroptimierung muss damit ja nicht ausgeschlossen sein. Dem Expatriate ist schließlich zu empfehlen, zu versuchen, das „steuerliche Restrisiko" beim Arbeitgeber zu verankern. Dies kann beispielsweise durch folgende Vertragsklausel vereinbart werden:

„Die Besteuerung der gesamten Bezüge während des Einsatzes in Singapur erfolgt auf der Grundlage des Abkommens zwischen der Bundesrepublik Deutschland und der Republik Singapur zur Vermeidung der Doppelbesteuerung auf dem Gebiet der Steuern vom Einkommen und vom Vermögen. Die ordnungsgemäße Abwicklung der steuerlichen Verpflichtungen obliegt dem Unternehmen. Etwaige Nachforderungen in- oder ausländischer Behörden wegen unrichtiger steuerlicher Handhabung sind im Innenverhältnis vom Unternehmen zu tragen."[3]

Das in obiger Vertragsklausel erwähnte Instrument des Doppelbesteuerungsabkommens bildet für die Mehrzahl von Versetzungen den steuerlichen Rahmen. Die Bundesrepublik Deutschland hat mittlerweile mit mehr als 70 Staaten entsprechende Abkommen abgeschlossen, die als völkerrechtliche Verträge dem einfachen nationalen Recht vorgehen.[4] Durch die Kollision des steuerlichen Welteinkommens- bzw. Wohnsitzprinzips mit dem Quellenprinzip könnte nach dem jeweiligen nationalen Steuerrecht in dem hier verwendeten Beispielsfall sowohl Singapur als auch Deutschland steuerliche Ansprüche im Hinblick auf die Arbeitsvergütung erheben. Ziel von Doppelbesteuerungsabkommen ist es nun, zu vermeiden, dass ein Steuerpflichtiger aufgrund desselben Steuertatbestandes für den gleichen Zeitraum zu einer gleichartigen Steuer herangezogen wird.[5] Fast allen Abkommen liegt die Grundstruktur des OECD-Musterabkommens zugrunde; allerdings muss bei einer Versetzung unbedingt das konkrete Abkommen mit dem betreffenden Staat sowie etwaige zusätzliche Vereinbarungen (Schlussprotokoll etc.) zur Klärung der steuerlichen Situation des Einzelfalles herangezogen werden. Für das Fallbeispiel ist vor allem Artikel 14 des deutsch-singapurischen Doppelbesteuerungsabkommens von Interesse. Dort heißt es:

---

[1] Eine weitergehende Einführung bietet z.B. Wacker (1996)
[2] vgl. Adams (1999, Chapter 8)
[3] modifiziert aus Kothe-Heggemann (1996, 449). Laut Wisser (1999) ist es jedoch fraglich, ob ein Arbeitgeber diesen Versuch der „Risikoverlagerung" akzeptiert.
[4] aktuelle Übersicht bei http://www.bff-online.de
[5] vgl. Gabler-online (1999)

(1) „Vorbehaltlich der Artikel 15 bis 19 können Gehälter, Löhne und ähnliche Vergütungen, die eine in einem Vertragstaat ansässige Person aus Arbeit (einschließlich eines freien Berufes) bezieht, nur in diesem Staat besteuert werden, es sei denn, daß die Arbeit in dem anderen Vertragstaat ausgeübt wird. Wird die Arbeit dort ausgeübt, so können die dafür bezogenen Vergütungen in dem anderen Staat besteuert werden.

(2) Ungeachtet des Absatzes 1 können Vergütungen, die eine in einem Vertragstaat ansässige Person für eine in dem anderen Vertragstaat ausgeübte Arbeit bezieht, nur in dem erstgenannten Staat besteuert werden, wenn
   a) Der Empfänger sich in dem anderen Staat insgesamt nicht länger als 183 Tage während des Kalenderjahres aufhält;
   b) die Vergütungen von einer Person oder für eine Person gezahlt werden, die nicht in dem anderen Staat ansässig ist;
   c) die Vergütungen nicht von einer Betriebstätte getragen werden, die die Person, welche die Vergütungen zahlt, in dem anderen Staat hat, und
   d) die Vergütungen in dem erstgenannten Staat besteuert werden."[1]

Sofern die angeführten Voraussetzungen erfüllt sind, wird durch das Abkommen das Besteuerungsrecht der Republik Singapur zugewiesen. In diesem Fall darf bezüglich der Arbeitseinkünfte keine deutsche Einkommensteuer mehr erhoben werden. Dies gilt auch dann, wenn Teile der Arbeitseinkünfte in Deutschland ausgezahlt werden.[2] „Die Steuerbefreiung im Inland bezieht sich auf Arbeitseinkünfte, nicht aber auf andere Einkünfte wie aus Vermietung und Verpachtung oder aus Kapitalvermögen. Immer dann, wenn der Steuerpflichtige solche Einkünfte im Inland bezieht und keinen Wohnsitz im Inland hat, ist eine *beschränkte Steuerpflicht* im Inland gegeben. Eine Besonderheit ist hier, dass bei der Errechnung des Steuersatzes ausländische Einkünfte den inländischen Einkünften fiktiv zugerechnet werden (Progressionsvorbehalt nach § 32b EStG)."[3]

2.5.6 Betriebsrat

Bei der dargelegten Konstellation (befristete Versetzung ins Ausland und ruhendes Arbeitsverhältnis mit dem deutschen Unternehmen) ist der Betriebsrat in Deutschland bei der Versetzung ins Ausland nach § 95 Abs. 3 Satz 1 BetrVG zu beteiligen und kann auch die ihm nach § 99 Abs. 2 BetrVG zustehenden Zustimmungsverweigerungsrechte geltend machen. „Eine Versetzung ist daher unwirksam, wenn der Betriebsrat seine Zu-

---

[1] BfF-Online (1999). Im Fall des DBA Singapur gibt es eine wichtige Ausnahme vom OECD-Muster insoweit, als Singapur das Besteuerungsrecht für Arbeitnehmereinkünfte auch bei einem Aufenthalt unter 183 Tagen erhält, wenn der Entsendestaat sein Besteuerungsrecht nicht wahrnimmt.
[2] vgl. Gross (1997, 464 f.)
[3] Wirth (1996, 389)

stimmung verweigert und diese nicht vom Arbeitsgericht ersetzt worden ist. Bei einer auf Dauer angelegten Versetzung (Ausscheiden aus dem Betrieb) ist die Zustimmung des Betriebsrats nur dann nötig, wenn die Trennung nicht mit Einwilligung des Arbeitnehmers erfolgt."[1] Die für leitende Angestellte in Deutschland geltenden Regeln des Sprecherausschussgesetzes gelten grundsätzlich bei Auslandseinsätzen der dargestellten Art nur in eingeschränktem Maße, beispielsweise bleibt das aktive Wahlrecht zum Sprecherausschuss erhalten, sofern die Bindung an den inländischen Betrieb aufrechterhalten bleibt.[2]

2.5.7 Sonstige Einzelaspekte des Versetzungsvertrages

Die Frage, welche zusätzlichen Kosten im Zusammenhang mit der Versetzung ins Ausland auftreten und wer diese zu tragen hat, ist naturgemäß sehr von den jeweiligen Umständen des Einzelfalls (Einsatzland, Familienstatus und Hierarchieebene des Expatriates etc.) sowie von der später zu diskutierenden Vergütungsregelung abhängig. Sofern dem Versetzungsvertrag keine Versetzungsrichtlinie zugrunde liegt, sollte im einzelnen geprüft werden, ob die in Tabelle 2-9 genannten Aspekte eine Rolle spielen und dann eine entsprechende vertragliche Vereinbarung getroffen werden.

Ausgewählte Einzelaspekte des Versetzungsvertrages	
Thema	**Einzelfragen (Beispiele)**
■ Reiseregelung	■ Welche Flugklasse?
	■ Wie viel Heimflüge?
	■ Besuchsregelung für nicht mitreisende Familienangehörige?
	■ Wie viel Übergepäck?
	■ Anspruch auf Heimflüge anderweitig nutzbar (z.B. Urlaub in der Einsatzregion, statt einmal Business zweimal Economy etc.)?

Tabelle 2-9: Ausgewählte Einzelaspekte des Versetzungsvertrages. Quelle: Eigene Darstellung

---

[1] Oechsler (1996, 411)
[2] vgl. Oechsler (1996, 441 m.w.N.)

■ Umzugsregelung	■ Welches Umzugsunternehmen (ggf. Einholen mehrerer Angebote)? ■ Wie viel und welches Umzugsgut kann mitgenommen werden? ■ Was kann eingelagert werden? ■ „Gardinengeld"? ■ Kostentragung für den Fall, dass das Arbeitsverhältnis während des Auslandsaufenthalts beendet wird?
■ Ausbildung der Kinder	■ Schulart (lokale oder internationale oder deutsche Schule)? ■ Schulgeld und Kosten des Transports zur Schule? ■ ggf. Internat?
■ Unterkunft	■ Hotelunterbringung während der ersten Wochen am Einsatzort? ■ Art, Standard und Lage der Unterkunft? ■ ggf. Hauspersonal? ■ Was geschieht mit der Unterkunft in Deutschland?
■ PKW	■ Falls Firmenfahrzeug: Typ, Fahrer, Betriebskosten? ■ Verlustübernahme bei Verkauf des Privat-PKW unter Marktwert?
■ Freistellung von der Arbeit	■ Urlaubsregelung? ■ Vereinbarungen für den Fall von Erkrankungen von Familienangehörigen?
■ Clubbeiträge	■ Welche Clubs sind erforderlich? ■ Art der Mitgliedschaft?
■ Arbeitszeitregelung	■ Gilt beispielsweise eine am Einsatzort übliche 6-Tagewoche auch für den Expatriate?

Tabelle 2-9 (fortgesetzt): Ausgewählte Einzelaspekte des Versetzungsvertrages.

2.5.8 Vertragliche Situation nach der Rückkehr

Nach Rückkehr aus dem Ausland lebt das bei der Ausreise ruhend gestellte inländische Arbeitsverhältnis wieder mit allen beidseitigen Rechten und Pflichten auf. Weber empfiehlt zukünftigen Expatriates „schon im Entsendungsvertrag festzulegen, wie ihre Position und ihr Einkommen nach ihrer Rückkehr aussehen."[1] Eine derartig konkrete Vereinbarung dürfte sich jedoch nur in den wenigsten Fällen realisieren lassen; schließlich wird man auch bei inländischen Arbeitsverträgen kaum solche in die Zukunft gerichtete Zusagen finden. Üblich sind hingegen offener formulierte Rückkehrzusagen, wie die folgende aus einem Mustervertrag der DGFP:

„Nach Beendigung ihres Arbeitsverhältnisses mit der [Auslandsgesellschaft] lebt Ihr ruhendes Anstellungsverhältnis mit uns wieder auf. Sie sollen dann entsprechend Ihren Kenntnissen und Fähigkeiten eingesetzt werden. Soweit zu diesem Zeitpunkt keine angemessene Position bei uns frei ist, bieten wir Ihnen eine gleichwertige Weiterbeschäftigung in einem uns wirtschaftlich verbundenen Unternehmen an. Ihre neuen Bezüge richten sich nach der dann zu übernehmenden Position. Eine positive Beurteilung ihrer Auslandstätigkeit wird dabei berücksichtigt."[2]

---

[1] Weber (1998, 242)
[2] DGFP (1995, 135)

3. Die Vorbereitung auf den Auslandseinsatz

Lernziele

Nach Bearbeitung dieses Abschnittes sollten Sie

- die Notwendigkeit einer sorgfältigen Vorbereitung auf den Auslandseinsatz erklären können,
- die unterschiedlichen Arten der Vorbereitung kennen,
- die Grundzüge des Kulturbegriffes erläutern können,
- einige Kulturdimensionen kennen.

3.1 Informationsorientierte Vorbereitung

Im Zeitalter des Internets ist eher ein Zuviel als ein Zuwenig an Informationen das Problem. Ein Manager muss jedoch den effizienten und effektiven Umgang mit der zunehmenden Informationsflut beherrschen. Von dem zukünftigen Expatriate kann daher – vor allem bei entsprechender Unterstützung seitens des Personalbereichs – erwartet werden, dass er seinen Informationsbedarf gezielt abdeckt und es nicht zu einer „Jagd nach ‚objektiven' Informationen"[1] kommen lässt. Als gute und umfassende Einstiegsseite zur informationsorientierten Vorbereitung auf den Auslandseinsatz bietet sich die Homepage des CIA (Worldfact-Book) an. Einen sehr gut strukturierten und auf die besonderen Informationsbedürfnisse des Expatriate eingehenden Überblick liefern darüber hinaus die seit vielen Jahren bewährten Ländermerkblätter der Informationsstelle für Auslandstätige und Auswanderer des Kölner Bundesverwaltungsamtes.

In größeren Unternehmen werden von den für das Expatriate-Management zuständigen Stellen im Regelfall allgemeine und länderspezifische Informationsmappen vorgehalten, die auch Basisinformationen über die relevante Auslandsgesellschaft enthalten sollten.[2] Aktive oder ehemalige Expatriates bringen ihre Erkenntnisse und Erfahrungen in diese Informationspakete ein. Der zukünftige Expatriate sollte auch das Gespräch mit diesen erfahrenen Auslandsmitarbeitern suchen; in Unternehmen mit vielen Expatriates werden

---

[1] Bittner/Reisch (1994, 176)
[2] vgl. Niederhofer/Held (1996, 332 f.)

solche Gespräche mitunter auch in unternehmensspezifische Vorbereitungsseminare eingebettet.[1]

Auch bei Nutzung der geschilderten Informationsquellen wird, insbesondere wenn der zukünftige Expatriate den potenziellen neuen Arbeitsplatz noch nicht durch frühere Dienstreisen kennen gelernt hat, ein Informationsbedarf nachbleiben, der sich nur durch Inaugenscheinnahme der Situation am beabsichtigten Einsatzort befriedigen lässt. Für diesen Zweck bieten verantwortungsbewusste Unternehmen sogenannte „Look-and-See-Trips" für den Expatriate und seine Begleitung an. Im Rahmen dieser ein- bis zweiwöchigen Reisen kann ein Großteil der noch bestehenden Informationsdefizite beseitigt werden.[2] Das Unternehmen sollte aber darauf gefasst sein, dass es durchaus vorkommen kann, dass infolge eines solchen Look-and-See-Trips ein ausgewählter Kandidat seine Bereitschaft zu dem geplanten Auslandseinsatz zurückzieht. Das Unternehmen sollte diese Entscheidung dann akzeptieren und insbesondere im Hinblick auf die Signalwirkung bezüglich zukünftiger Auswahlprozesse auf keinen Fall zu „missmutig" reagieren.

3.2 Kulturorientierte Vorbereitung

Im Rahmen der kulturorientierten Vorbereitung soll der zukünftige Expatriate für den Umgang mit der neuen Kultur sensibilisiert werden. Die Schwierigkeit, eine fremde Kultur zu „begreifen" bringt Peter Høeg in seinem Roman „Fräulein Smillas Gespür für Schnee" sehr einfühlsam zum Ausdruck: „Es gibt nur eine Art und Weise, eine andere Kultur zu verstehen. Sie zu *leben*. In sie einzuziehen, darum zu bitten, als Gast geduldet zu werden, die Sprache zu lernen. Irgendwann kommt dann vielleicht das Verständnis. Es wird dann immer wortlos sein. In dem Moment, in dem man das Fremde begreift, verliert man den Drang, es zu erklären. Ein Phänomen erklären heißt, sich davon entfernen."[3]

Die Ethnologie ist die Wissenschaft, die sich intensiv mit dem Konzept „Kultur" auseinandersetzt. Eine im Rahmen ethnologischer Untersuchungen anzutreffende Definition von Kultur lautet: „Kultur [wird] von Menschen eingeführt, sozial verbreitet, über die Zeiten hin überliefert und evtl. verändert. Kultur besteht dementsprechend aus Ergebnissen menschlicher Handlungen, die dem von Natur aus Bestehenden zielgerichtet etwas Neues, bis dahin nicht Vorhandenes hinzugefügt haben."[4] Diese Definition kann, vor allem durch ihren Hinweis auf den Innovationscharakter menschlicher Handlungen und die Einbeziehung der zeitlichen Variabilität von Kultur, die im Jahre 1871 durch Edward Burnett Tylor erfolgte erste bekannte Kultur-Definition sinnvoll ergänzen. Tylor defi-

---

[1] vgl. Wirth (1998, 158 m.w.N.)
[2] vgl. Niederhofer/Held (1996, 333)
[3] Høeg (1994, 199)
[4] Rudolph (1983, 50 f.)

nierte Kultur als „that complex whole which includes knowledge, belief, art, morals, law, custom, and any other capabilities and habits acquired by man as a member of society."[1] In der managementorientierten Forschung hat vor allem die in den späten sechziger und frühen siebziger Jahren durchgeführte umfangreiche Studie (116 000 Fragebogen bei IBM-Managern aus 72 Ländern) von Geert Hofstede das Interesse für das Thema Kultur verstärkt. Hofstede erklärt Kultur sehr prägnant als „Software of the mind."[2]

The elements of culture	
What people think	
■ mental process,	■ beliefs,
■ ideas,	■ knowledge,
■ values,	■ perception of self and others, etc.
What people do	
■ the way they are adapting to the environment or living together,	
■ way of organizing society from kinship, groups to state and multicultural organization	
■ the way they decide, e.g. individually or collectively,	
■ the way they organize life, the rules for living,	
■ the way they learn, education system, etc.	
What they have	
■ the distinct techniques of a group and their characteristic products,	■ material products they produce,
	■ artefacts,
■ ownership, possession,	■ literature,
■ technology,	■ materials, etc.
■ tools, technology,	

Tabelle 3-1: The elements of culture. Quelle: Dadfar/Moberg/Törnvall (1999, 184) – modifizierte Darstellung

---

[1] Tylor (1871, 1)
[2] Hofstede (1991)

Für die kulturorientierte Vorbereitung eines Expatriates ist es angebracht, das außerordentlich komplexe Konstrukt Kultur auf handhabbare Module herunterzubrechen Der zukünftige Expatriate wird sich vor allem mit folgenden, in Tabelle 3-1 näher spezifizierten, Fragestellungen beschäftigen:

1. Was „denken" die Angehörigen meiner zukünftigen Gastkultur ?
2. Was „tun" die Angehörigen meiner zukünftigen Gastkultur?
3. Was „haben" die Angehörigen meiner zukünftigen Gastkultur?

Insbesondere zur Beantwortung der ersten beiden Fragen kann es hilfreich sein, sich mit der Analyse der Gastkultur (aber auch der eigenen Kultur!) hinsichtlich der von verschiedenen Forschern vorgeschlagenen Kulturdimensionen zu beschäftigen. Tabelle 3-2 fasst drei solcher Ansätze von Kulturdimensionen zusammen. Allen Ansätzen ist gleich, dass die Dimensionen dichotomisch strukturiert sind. Die Dichotomien beschreiben die beiden entgegengesetzten Extreme eines Kontinuums; die tatsächlichen „Dimensionswerte" einer Kultur liegen normalerweise zwischen diesen Polen.

„Das zentrale Anliegen kulturorientierter Trainings besteht darin aufzuzeigen, in welcher Weise die jeweilige Kultur das Verhalten eines Menschen, seine Wahrnehmung, seine Wertvorstellungen und Bewertungskriterien sowie sein Selbstverständnis beeinflusst. Bereits in der Trainingssituation sollen die Teilnehmer erkennen und erleben können, welchen Einfluss die eigene Kultur auf ihr persönliches Verhalten hat. Die Analyse der eigenen Kultur, d.h. das Aufmerksamwerden auf die spezifischen gesellschaftlichen Spielregeln, nach denen sich das eigene Verhalten im Heimatland teils bewusst, teils unbewusst ausrichtet, wird zum Ausgangspunkt für die Sensibilisierung gegenüber den Spezifika der fremden Kultur. Unterschiedliche Kulturstandards, wie beispielsweise die Betonung der Individualität in westlichen Kulturen im Vergleich zur Wertschätzung der Gemeinschaft in asiatischen Kulturen, werden einander gegenübergestellt und ihre Auswirkungen auf das Leben der Einzelnen und der Gesamtgesellschaft in der jeweiligen Kultur untersucht."[1]

---

[1] Thomas/Hagemann (1996, 185)

Kulturdimensionen	
Hofstede (1991)	
Akzeptanz von ungleicher Machtverteilung:	■ low vs. high power distance
Bedeutung des Individualismus:	■ individualism vs. collectivism
Ambiguitätstoleranz:	■ low vs. high uncertainty avoidance
Bedeutung „maskuliner" Werte:	■ masculinity vs. femininity
Trompenaars (1993 a)	
Bedeutung von Situation und Beziehungen:	■ universalism vs. particularism
Bedeutung von Gefühlen:	■ neutral vs. affective
Grad der Bestimmtheit:	■ specific vs. diffuse
Bedeutung von Status, Herkunft:	■ achievement vs. ascription
Bedeutung von Zeit:	■ past vs. future orientation
Lebensautonomie:	■ internal vs. external control
Hall (1977, 1984)	
Bedeutung von Zeiteinteilung:	■ monochronic vs. polychronic
Kontextabhängigkeit von Kommunikation:	■ high-context vs. low-context

Tabelle 3-2: Beispiele für Kulturdimensionen. Quelle: Eigene Zusammenstellung

Kulturorientierte Vorbereitungsmaßnahmen können als kognitives Training zunächst rein informationsorientiert (Vorträge, Videos etc.) ausgerichtet sein. Affektive Trainingsmethoden stellen auf die Einstellung gegenüber den Menschen anderer Kulturen ab und verwenden unter anderem Rollenspiele, Fallstudien oder auch Übungen zu interkulturellen Überschneidungssituationen anhand eines Kulturassimilators.[1] Simulationsübungen, Sensitivitätstrainings zusammen mit Teilnehmern anderer Kulturen und Felderfahrungen stellen als verhaltensorientierte Trainingsmethoden die intensivste Form der kulturorientierten Vorbereitung dar.[2]

Bei der kulturorientierten Vorbereitung sollte der zukünftige Expatriate vor allem folgenden Problemfeldern Beachtung schenken:

---

[1] Der Kulturassimilator ist eine Art programmierte Unterweisung, bei der der Trainingsteilnehmer die „richtige" Auswahl aus vorgegebenen Handlungsalternativen in Bezug auf interkulturelle Überschneidungssituationen zu treffen hat.
[2] vgl. Weber et al. (1998, 173 ff. m.w.N.)

- Die Grenzen eines Landes sind häufig nicht mit den Grenzen von Kulturräumen identisch.[1] Die jüngere Entwicklung auf dem Balkan hat dies erneut besonders deutlich gemacht. Andererseits ist auch mancher Ausländer überrascht, von der sorbischen oder der dänischen Volksgruppe in Deutschland zu erfahren.
- Auch trotz der Auseinandersetzung mit dem Thema Kultur, ist man nicht davor gefeit, Stereotypen zu verwenden. Sie dienen zwar der Komplexitätsreduktion und sind grundsätzlich nichts schlechtes, solange man sich ihrer bewusst ist. Zu bedenken ist aber, dass Heterostereotypen (Stereotypen über andere) häufig weniger „günstig" ausfallen als Autostereotypen (Stereotypen über sich selbst).[2]
- Im Arbeitsalltag spielt nicht nur die jeweilige Landeskultur, sondern auch die Unternehmens-, Branchen- und Funktionskultur eine Rolle.
- Kulturelle Normen und Werte können sich im Zeitablauf verändern.
- Nicht alle Probleme im Umgang mit Angehörigen einer anderen Kultur sind automatisch „interkulturelle Probleme". Auch in intrakulturellen Beziehungen kann es bekanntermaßen zu nicht unerheblichen (beispielsweise Kommunikations-)Problemen kommen.[3]
- Kulturdimensionen bieten erste Ansätze zum Verständnis anderer Kulturen; dabei sollte aber nicht die schlichte Aussage „Cultures don't meet, people do"[4] vergessen werden.

Der Umfang der kulturorientierten Vorbereitung hängt natürlich vom jeweiligen Einzelfall ab. Bei Mitarbeitern, die bereits (zum Beispiel anlässlich früherer Auslandsaufenthalte) an kulturallgemeinen Trainings teilgenommen haben, kann sich die Vorbereitung im wesentlichen auf die Spezifika der neuen Gastkultur beschränken. Es sollte versucht werden, die interkulturelle Vorbereitung rechtzeitig vor dem Ausreisezeitpunkt durchzuführen, damit die Auseinandersetzung mit diesem vermeintlich „weichen Thema" nicht in der Hektik der letzten Wochen vor der Ausreise unter den Tisch fällt. Mangelnde kulturelle Anpassung der Expatriates zählt nach wie vor zu den wichtigsten Gründen für das Scheitern von Auslandseinsätzen.[5] Interkulturelles Training sollte nicht nur für den Mitarbeiter selbst, sondern auch für die mitreisenden Familienangehörigen durchgeführt werden. Interessant erscheint auch die Forderung von Vance/Paderon, auch den Mitarbeitern, mit denen der Expatriate in der Gastgesellschaft unmittelbar zu tun haben wird, eine kulturorientierte Vorbereitung anzubieten.[6]

---

[1] vgl. Staehle (1991, 472)
[2] vgl. Dahl (1999, 461)
[3] vgl. Wiig (1999, 299)
[4] Hoffman (1999, 464)
[5] vgl. Frazee (1998 a, 15)
[6] vgl. Vance/Paderon (1993)

Fall: Nachdenken über das Thema „Kultur"

Im Rahmen ihrer Vorbereitung auf die Ausreise nach Singapur wollen die Bernsteins sich auch mit dem Thema der Kultur ihres zukünftigen Gastlandes befassen. Über das Internet (www.expatsingapore.com) stellen sie zunächst einige Fakten über Singapur zusammen: Singapur hat ca. 3,5 Millionen Einwohner, von denen 77,3 % Chinesen, 14,1 % Malayen, 7,3 % Inder und 1,3 % von anderer Herkunft sind. Dem Buddhismus werden 31,9 % der Bevölkerung zugerechnet, 21,9 % dem Taoismus, 14,9 % dem Islam, 12,9 % dem Christentum und 3,3 % dem Hinduismus.

Die Bernsteins sind verwirrt. Kann man angesichts einer solchen Bevölkerungsmischung überhaupt einen Zugang zu der Kultur Singapurs finden? Bei ihrer weiteren Recherche stoßen sie jedoch auf einen möglichen Anhaltspunkt: Ende der 80er Jahre wurden in Singapur die „Shared Values" verkündet, die allen Singapurianern einen gemeinsamen Orientierungsrahmen liefern sollen:

The Five Shared Values:

1. Nation before community and society before self,
2. Family as the basic unit of society,
3. Community support and respect for the individual,
4. Consensus, not conflict,
5. Racial and religious harmony.

Frau und Herr Bernstein sind sich darüber im klaren, dass das Verständnis anderer Kulturen einfacher sein kann, wenn man sich mit seiner eigenen Kultur hinreichend auseinandergesetzt hat. Sie fragen sich daher, ob eine derartige „Wertezusammenstellung" auch für Deutschland möglich wäre. In diesem Zusammenhang diskutieren sie zusammen mit finnischen Freunden ebenfalls darüber, wie denn wohl das Deutschlandbild im Ausland aussieht.

Aufgaben zum Fallbeispiel:

1. Versuchen Sie einen deutschen „Wertekatalog" im Stile der oben genannten Five Values zusammenzustellen!
2. Versuchen Sie zu skizzieren, wie das Deutschlandbild aus einer ausländischen Perspektive aussehen könnte!

3.3 Praktische Ausreisevorbereitung

Die praktische Ausreisevorbereitung lässt sich in die Elemente Sprachtraining, Gesundheit, Genehmigungsprozeduren, Abmelde- und Änderungsprozeduren sowie Umzugsabwicklung aufgliedern. Für einen Großteil der im Rahmen der praktischen Ausreisevorbereitung erforderlichen Aktivitäten kann man die Dienste von mittlerweile sehr zahlreich vorhandenen **Relocation Services** in Anspruch nehmen; angesichts der Fülle von zu erledigenden Aufgaben und dem damit verbundenen Zeitaufwand stellt dies – bei entsprechender Qualität des Relocation Services - sicherlich eine sinnvolle Entlastung des zukünftigen Expatriates dar.

Der Umfang und die Ausgestaltung des **Sprachtrainings** muss logischerweise auf die Vorkenntnisse des ausreisenden Mitarbeiters und seiner ihn begleitenden Familienangehörigen abstellen. Rechtzeitig vor der Ausreise sollte die Intensität des Sprachtrainings zunehmen. Je nach Neuartigkeit der Sprache für den Lernenden ist zumindest ein „survival knowledge" anzustreben; besser ist es natürlich, wenn ein „good working knowledge" erreicht wird. Das Sprachtraining sollte in den ersten Monaten im Ausland unbedingt fortgesetzt werden.[1] Professionelles Sprachtraining umfasst auch Aspekte des interkulturellen Trainings (Kommunikationsmuster, Verhandlungsführung etc.), denn, so Wirth, „in der Sprache drückt sich das Wesen einer Kultur aus. Mit der Sprache lassen sich die Goldminen der Kultur erschließen."[2]

Hinsichtlich des Aspektes der **Gesundheit** ist im Rahmen der Ausreisevorbereitung zunächst an eine gründliche Untersuchung (zum Beispiel durch den betriebsärztlichen Dienst) und an die Durchführung von erforderlichen Impfungen zu denken. Darüber hinaus empfiehlt sich unter Umständen, je nach Einsatzland und unter Beachtung von potenziellen Einfuhrverboten, auch die Mitnahme von Einwegspritzen, einem Erste-Hilfe-Set sowie von prophylaktisch verordneten Medikamenten. Die Dokumentation der individuellen Krankengeschichte (ggf. mit Röntgenbildern etc.) sollte in eine Form gebracht werden, die im Bedarfsfall ein schnelles Reagieren der Ärzte vor Ort unterstützen kann.

Die **Genehmigungsprozeduren** betreffen vor allem die Frage der zu erteilenden Visa sowie Arbeits- und Aufenthaltserlaubnisse. Es kommt leider immer wieder vor, dass Versetzungen ins Ausland an diesen Punkten scheitern oder zumindest erhebliche zeitliche Verzögerungen erleiden. Hier sind insbesondere die Mitarbeiter der für die Abwicklung des Auslandseinsatzes zuständigen Personalbereichs gefordert, sich Kenntnisse über die jeweils aktuellen Einreisebestimmungen zu verschaffen. In diesem Zusammen-

---

[1] vgl. DGFP (1995, 37)
[2] Wirth (1998, 159)

hang können sich im übrigen durchaus interessante interkulturelle Erfahrungen ergeben, wenn beispielweise ein Visum nur jenseits „preußisch-korrekter" Pfade zu erlangen ist.

Die **Abmelde- und Änderungsprozeduren** umfassen zahlreiche Einzelaspekte, die hier nur stichwortartig und ohne Anspruch auf Vollzähligkeit erwähnt seien:[1]

- Gültigkeit Reisepass für Einsatzzeitraum prüfen,
- Wohnung vermieten bzw. Mietvertrag kündigen,
- Elektrizität, Gas, Müllabfuhr abmelden,
- Telefon, Radio, Fernsehen abmelden,
- Behördliche Abmeldung,
- Auto verkaufen,
- Auto ab- und ummelden,
- Internationalen Führerschein beantragen,
- Schule/Kindergarten abmelden,
- Schadensfreiheitsrabatt-Bescheinigung,
- Haftpflichtversicherung (In- und Ausland),
- Daueraufträge überprüfen,
- Euro-Auslandskonto,
- Bankauszüge an Verwandte,
- Vollmachten zur Abbuchung von Konten,
- Sonstige Bankangelegenheiten klären,
- Mitgliedschaften (Vereine etc.) kündigen bzw. ruhen lassen,
- Zeitungen und Zeitschriften abmelden,
- Zivil- bzw. Wehrdienstüberwachung beachten,
- Postnachsendung klären,
- ggf. Testament aktualisieren,
- Originaldokumente (Zeugnisse etc.) an sicherem Ort deponieren,
- Mitteilung an den Arbeitgeber, wer in Notfällen informiert werden soll,
- Steuerfragen klären.

Für die **Umzugsabwicklung** gibt es in vielen Unternehmen sogenannte Umzugsrichtlinien, die sich in vielen Fällen an das Umzugskostenrecht des Bundes anlehnen. Hierbei geht es unter anderem um den zulässigen Umfang an Umzugsgut, Lagerkosten, Reise- und Hotelkosten im Zusammenhang mit dem Umzug, Wohnraumbeschaffung, Anschaffung technischer Geräte (wegen Unterschiede in der Stromspannung, -frequenz) etc.[2] Erfahrene Mitarbeiter in Auslandspersonalabteilungen können zum Thema Umzug regelmäßig über zahlreiche „Anekdoten" berichten, da sich beispielsweise Fragen nach dem Verbleib des töchterlichen Reitpferdes, der klimatisierten Einlagerung des gepflegten Oldtimers oder die Mitnahme von deutschem Sand für die Sandkiste der Expatriate-Kinder in Singapur nur schwerlich detailliert in einer Umzugsrichtlinie abbilden lassen.

---

[1] vgl. u.a. die Checklisten bei Wirth (1998, 170 ff.). Über entsprechende Checklisten verfügt normalerweise auch jede mit Auslandsversetzungen befasste Personalabteilung.
[2] vgl. DGFP (1995, Anhang 22), siehe auch Abschnitt 2.5

Da bei Rückumzügen aus tropischen Regionen klimatisch bedingte Schäden an Möbeln nicht unüblich sind, ist bei der Versetzung in solche Regionen zu überlegen, ob nicht komplett auf einen Umzug von Möbeln verzichtet werden sollte und stattdessen diese vor Ort angeschafft (und später dort auch wieder verkauft) werden sollten.

4. Leistung = Können * Wollen * Dürfen

Lernziele

Nach Bearbeitung dieses Abschnittes sollten Sie

- das Phänomen des Kulturschocks beschreiben können,
- die wesentlichen Einflussfaktoren der Motivation von Expatriates kennen,
- die Bedeutung einer umfassenden Betreuung von Expatriates erklären können,
- die Probleme der Führung im interkulturellen Umfeld kennen.

4.1 Determinanten des „Könnens"

Fall: Die neue Mitarbeiterin

Bernstein ist nun schon fast ein Jahr in Singapur. Er und seine Familie haben sich mittlerweile sehr gut eingelebt und fühlen sich im großen und ganzen recht wohl. Die Arbeit bei der UGDA läuft für Bernstein weitestgehend auch zu seiner Zufriedenheit. Allerdings hat das Arbeitsvolumen so zugenommen, dass beschlossen wurde, einen Assistenten für Bernstein einzusetzen. Vor dem Hintergrund einer zunehmend international ausgerichteten Personalpolitik, hat man sich bei D in Bremen (nach Abstimmung mit den UGDA-Partnern) entschlossen, diese Stelle als Nachwuchsförderungsstelle einzurichten. Ziel ist es, diese Stelle alle zwei Jahre mit jungen, betriebswirtschaftlich ausgebildeten Nachwuchskräften aus der Reederei D zu besetzen.

Als erste Assistentin wurde die fünfundzwanzigjährige Annette Lloyd nominiert. Lloyd hatte nach dem Abitur bei D Schifffahrtskauffrau gelernt und anschließend internationale BWL an einer Fachhochschule studiert. Ein Jahr ihres Studiums hat sie an einer irischen Universität absolviert. Seit einem Jahr ist Lloyd wieder bei D beschäftigt. In einem Monat soll sie ihre Arbeit in Singapur aufnehmen; derzeit durchläuft sie noch bei D in Bremen ein intensives Vorbereitungsprogramm.

> Bernstein hat den Auftrag erhalten, für Lloyd ein sinnvolles Einarbeitungsprogramm in Singapur zu gestalten. Nach anfänglichem „nörgeln" („Mir hat damals auch keiner geholfen.... Wo soll ich die Zeit hernehmen..."), beschäftigt sich Bernstein nun doch intensiv mit dieser Aufgabe. Dabei erinnert er sich noch einmal sehr deutlich an seine eigenen Eingewöhnungsprobleme, mit denen er in den ersten Wochen in Singapur konfrontiert worden war.
>
> **Fragen zum Fallbeispiel:**
> 1. Welches sind die zu erwartenden Eingewöhnungsprobleme?
> 2. Wie könnte ein effektives Einarbeitungsprogramm aussehen?

4.1.1 Psychische und physische Aspekte

Der Einsatz im Ausland wird für den Expatriate in den meisten Fällen einen bedeutenden Einschnitt in seinem bisherigen Berufs- und Lebensweg darstellen. Kühlmann verwendet hierfür den sozialwissenschaftlichen Begriff der **Transition**, worunter „eine weitreichende Veränderung des bisherigen Umfeldes eines Individuums einschließlich der darauf bezogenen Wahrnehmungen, Interpretationen und Bewältigungsbemühungen des Betroffenen"[1] zu verstehen ist. In der Literatur zum Expatriate-Management wird regelmäßig versucht, die Situation des ins Ausland versetzten Mitarbeiters in Form von Phasenmodellen zu beschreiben. Nach dem Phasenmodell des norwegischen Anthropologen Kalervo Oberg „durchläuft" der Expatriate bei Beginn seines Auslandsaufenthaltes zunächst eine Phase der Hochstimmung („**Honeymoon**"), in der der Reiz des Neuen begeistert und fasziniert. Diesem Stimmungshoch folgt aber nach einiger Zeit eine Phase, in der die Fremdheit der neuen Umgebung mit Unbehagen wahrgenommen wird („**Crisis**"). Mit zunehmender Aufenthaltsdauer, wachsender Kenntnis der Landessprache und der kulturellen Eigenarten vor Ort wird diese Krise überwunden („**Recovery**"), bis schließlich die Anpassung an die Gastkultur abgeschlossen ist („**Adjustment**").[2] Obergs Phasenmodell und auch die Vorschläge anderer Autoren können selbstverständlich nur einen idealtypischen Verlauf abbilden; wie intensiv die einzelnen Phasen in der Realität vom Expatriate erlebt werden, hängt vor allem von der Erfahrung des Expatriates in vergleichbaren Situationen und auch vom Grad der Andersartigkeit der Gastkultur im Vergleich zur Heimatkultur ab.

---

[1] Kühlmann (1995, 3 m.w.N.)
[2] zu Obergs Modell und anderen Phasenmodellen vgl. zusammenfassend Haupert/Schnettler (1999)

Der Abschnitt „Crisis" im Phasenmodell wird im allgemeinen auch als **Kulturschock** bezeichnet. Mead weist auf den kumulativen Charakter des Kulturschocks hin: „Culture shock (...) arises from a series of small incidents, but the awareness of shock may hit you suddenly. It can have pleasant effects similar to alcohol – a sense of unreality. But it is usually associated with unpleasant effects."[1] Derartige negative Effekte können als psychische Krise aufgefasst werden, die vom betroffenen Mitarbeiter im Auslandseinsatz wie folgt erlebt werden kann:

- „Verärgerung und Misstrauen gegenüber Vertretern der Gastkultur,
- Sorgen um den eigenen Gesundheitszustand,
- Befürchtungen, ständig hintergangen zu werden,
- Hilflosigkeit und Niedergeschlagenheit im Hinblick auf alltägliche Probleme, die unüberwindbar erscheinen,
- Rückgang des Selbstvertrauens angesichts der erlebten Unfähigkeit, sich in der fremden Kultur zurechtzufinden,
- Wutausbrüche bei geringfügigen Anlässen,
- Gefühl der Isolation im Gastland, Heimweh,
- Erfahrung der Entwurzelung,
- Verunsicherung im Hinblick auf die Gültigkeit der eigenkulturellen Grundannahmen, Werte und Normen,
- Selbstmitleid,
- Erlebnis ständiger Anspannung und Überbeanspruchung,
- Verantwortlichmachen der fremdkulturellen Umwelt für das eigene Schicksal."[2]

Durch den Kulturschock kann es unter anderem zu Leistungsdefiziten, einem Kreativitätsabfall, verstärktem Rückzug ins Private und auch zu Missbrauch von Alkohol und anderen Drogen kommen. Bezüglich der körperlichen Verfassung sind Schlafstörungen, Appetitverlust, Verdauungsprobleme und Bluthochdruck möglich.[3] Durch entsprechende vorbereitende Maßnahmen (vgl. Abschnitt 3.2) kann versucht werden, die negativen Effekte des Kulturschocks zu vermeiden oder zumindest zu mildern. Weiterhin sollte der Expatriate durch lokale Mitarbeiter bei seinem Eingewöhnungsprozess unterstützt werden. Bei extremen Unterschieden zwischen Gast- und Heimatkultur ist auch zu überlegen, dem Expatriate „Stabilitätszonen" mit einigermaßen vertrautem Terrain anzubieten.[4] Dies kann beispielsweise in Form der Mitgliedschaft in internationalen Clubs erfolgen. Ein anderes Beispiel für die Schaffung solcher „Stabilitätszonen" sind die sogenannten „escape flights", mit denen der Expatriate und seine Begleitung für einige Tage in angenehmeren Destinationen für seinen Einsatz am schwierigen Standort wieder „auftanken" kann.

---

[1] Mead (1994, 396)
[2] Kühlmann (1995, 7)
[3] vgl. Mead (1994, 396), Kühlmann (1995, 7)
[4] vgl. Holt (1998, 582 f.)

Wie gezeigt, kann durch den Kulturschock die körperliche Verfassung negativ beeinflusst werden. Physische Probleme können aber auch außerhalb dieses Wirkungszusammenhangs auftreten, insbesondere dann, wenn die Umweltbedingungen am Einsatzort stark von den heimatlichen abweichen. Hierbei ist vor allem an klimatische Belastungen[1] (Temperatur, Feuchtigkeit und Bewegung der Umgebungsluft, Strahlungstemperatur der Umgebung, Luftdruck) und an Belastungen der Luft (Schwefeldioxid, Schwefelstaub, Stickstoffdioxid, Stickstoffmonoxid, Ozon) und der sonstigen Umgebung zu denken. Tabelle 4-1 fasst ausschnittartig und beispielhaft weitere mögliche Gesundheitsrisiken zusammen, wie sie im Mai 1999 vom Offenbacher Institut für Reisemedizin und Impfvorsorge veröffentlicht wurden.

Besondere Gesundheitsrisiken (Mai 1999, tw. nur regional)	
■ Australien	Dengue, Japan B-Encephalitis
■ Brasilien	Dengue, Malaria, Gelbfieber
■ China	Durchfallerkrankungen
■ Equador	Gelbfieber
■ Griechenland	Rötelinfektionen
■ Guatemala	Typhus
■ Indien	Poliomyelitis, Malaria, Durchfallerkrankungen
■ Indonesien	Darminfektionen, Milzbrand
■ Karibik	Ciguatera
■ Kenia	Gelbfieber, Malaria, Cholera
■ Kolumbien	Gelbfieber, Darminfektionen
■ Nepal	Tollwut
■ Österreich	FSME
■ Rußland	Diphtherie, Hepatits A, Typhus, Polio
■ Senegal	Meningokokkenencephalitis

Tabelle 4-1: Gesundheitsrisiken. Quelle: Eigene Darstellung nach Institut für Reisemedizin und Impfvorsorge (1999)

---

[1] vgl. ausführlich Dülfer (1995, 234 ff.)

Einem Teil dieser Risiken kann durch entsprechende Impfungen und durch die Einhaltung von Hygienemaßnahmen vorgebeugt werden. Ein sorgfältiger Gesundheits-Checkup für den Expatriate und seine Mitreisenden muss, wie in Kapitel 3.3 erwähnt, unbedingt vor der Ausreise (unter Umständen auch schon während des Auswahlprozesses) erfolgen. Für den Einsatz in den Tropen gibt es darüber hinaus besondere berufsgenossenschaftliche Vorschriften: „Die Erstuntersuchung umfasst eine weitreichende Funktionsprüfung aller Organsysteme und stellt die *„relative Tropentauglichkeit"* des Reisenden fest. Nachuntersuchungen, die im Intervall von 24 bis 36 Monaten erforderlich sind, sollen die Früherkennung von Tropenkrankheiten gewährleisten. In diesem Zusammenhang kann ebenso geklärt werden, ob gesundheitliche Bedenken gegen die Fortsetzung eines Arbeitsaufenthaltes bestehen."[1] Nach Ankunft am Einsatzort sollte der Expatriate versuchen, sich im Hinblick auf alle Lebensgewohnheiten graduell zu akklimatisieren, um seinem eigenen Körper und der Aufrechterhaltung seiner Leistungsbereitschaft gerecht zu werden.

4.1.2 Einführung neuer Mitarbeiter im Ausland

Angesichts der im vorigen Abschnitt geschilderten Rahmenbedingungen des „Könnens", ist deutlich geworden, dass der professionellen Einführung und Einarbeitung des am ausländischen Einsatzort neuen Mitarbeiters eine große Bedeutung zugemessen werden muss. Obwohl das Betriebsverfassungsgesetz im Ausland aufgrund des Territorialprinzips[2] im betrieblichen Alltag des ausländischen Unternehmens ausgeblendet bleibt, kann es für die Einführung neuer Mitarbeiter inhaltlich herangezogen werden, um daraus beispielsweise unternehmensspezifische Checklisten abzuleiten. In § 81 Abs. 1 BetrVG heißt es zur Unterrichtungs- und Erörterungspflicht des Arbeitgebers:

„Der Arbeitgeber hat den Arbeitnehmer über dessen Aufgabe und Verantwortung sowie über die Art seiner Tätigkeit und ihre Einordnung in den Arbeitsablauf des Betriebs zu unterrichten. Er hat den Arbeitnehmer vor Beginn der Beschäftigung über die Unfall- und Gesundheitsgefahren, denen dieser bei der Beschäftigung ausgesetzt ist, sowie über die Maßnahmen und Einrichtungen zur Abwendung dieser Gefahren und die nach § 10 Abs. 2 des Arbeitsschutzgesetzes getroffenen Maßnahmen zu belehren."

Eine hierauf aufbauende Einführungscheckliste könnte beispielsweise die Rubriken „Vorbereiten" (Arbeitsplatz, Visitenkarten, e-mail-Anschluss etc.), „Bekannt machen" (mit den Vorgesetzten, Mitarbeitern etc.), „Informieren über" (Aufgaben der einzelnen Abteilungen, Richtlinien etc.), „Orientieren über" (Lageplan etc.) und „Unterweisen in Arbeitssicherheit" (Verhalten bei Notfällen, Fluchtwege etc.) umfassen.[3] Vorhandenes schriftliches Informationsmaterial sollte – wie erwähnt – bereits im Rahmen der Ausrei-

---

[1] Institut für Reisemedizin und Impfvorsorge, Abschnitt Arbeitsmedizinische Vorsorge (1999)
[2] vgl. Oechsler (1996 m.w.N.)
[3] vgl. Krieg/Ehrlich (1998, 203f. m.w.N.)

sevorbereitung dem Mitarbeiter zur Verfügung gestellt werden, auch, um dem Ziel eines „realistic job preview" näher zu kommen.

Eine sinnvolle Einarbeitung muss selbstverständlich auf die ganz individuellen Vorkenntnisse des neuen Mitarbeiters abgestimmt sein, damit es weder zu Über- noch zu Unterforderungen kommt. Insbesondere müssen folgende in der Literatur als „Negativ-Strategien" beschriebene Vorgehensweisen vermieden werden:

- „Die »Schonungs-Strategie«, bei welcher der Neuling unterfordert und vom Vorgesetzten nicht auf seine Fehler hingewiesen werden, sodass sich Fehler verfestigen können.
- Die »Wirf-ins-kalte-Wasser-Strategie«, bei welcher der Neuling mit seiner Arbeit alleingelassen wird, was zu Misserfolgserlebnissen oder gar zu einem Schock führen kann.
- Die »Entwurzelungs-Strategie«, bei der eine bewusste Überforderung des Neulings erfolgt, was zunehmend Fehlerhäufigkeit und Demotivation zur Folge haben kann."[1]

Ein häufig empfohlenes und von einigen Unternehmen auch praktiziertes Konzept ist die Unterstützung des neuen Mitarbeiters durch einen erfahrenen und mit den Gegebenheiten des Einsatzortes vertrauten Manager. In der betrieblichen Praxis wird ein Manager mit einer solchen unterstützenden Rolle manchmal als Mentor bezeichnet; allerdings ist die Begriffsverwendung nicht einheitlich, mitunter findet man auch die Bezeichnung „Pate". In den Fällen, in denen dem neuen Expatriate nicht nur am Einsatzort, sondern auch im Stammhaus ein „Unterstützer" an die Seite gestellt wird, können auch beide Bezeichnungen verwendet werden. Die wesentlichen Aufgaben eines Mentors gehen über die rein fachliche Instruktion hinaus, vielmehr soll er folgende, längerfristig angelegte und komplexe Rollen wahrnehmen:[2]

1. Lehrer, Coach oder Trainer
2. Positives Rollenmodell
3. Talentförderer
4. Türöffner
5. Beschützer
6. Sponsor
7. Erfolgreicher Führer

Die Einführung neuer Mitarbeiter im Ausland sollte auch den außerberuflichen Bereich (Unterstützung bei Behördengängen, Bankangelegenheiten, Wohnungsfragen, Schule, Kindergarten, Arztempfehlungen etc.) umfassen, damit der Expatriate nicht zu sehr durch diese Themenstellungen von seiner Arbeitsleistung abgehalten wird. Sofern hier kein Relocation Service in Anspruch genommen wird, sollte die ausländische Gesell-

---

[1] Olfert/Steinbuch (1998, 199)
[2] vgl. Wirth (1992, 101 m.w.N.). Zu der besonderen Rolle und den Rollenkonflikten des Mentors im Rahmen der Auslandsbetreuung siehe auch Schröder (1995, 148 f.)

schaft einen Mitarbeiter benennen, der dem Expatriate bei diesen „Alltagsproblemen" behilflich sein kann.

4.2 Determinanten des „Wollens"

4.2.1 Motivierung vs. Motivation[1]

Der Erfolg eines Auslandseinsatzes hängt in nicht unerheblichem Maße von der Arbeitsmotivation des Expatriates ab. Aus der Vielzahl von Motivationstheorien[2] sollen im Folgenden mit dem Modell der Bedürfnishierarchie nach Maslow und der Zwei-Faktoren-Theorie von Herzberg zwei in der Wissenschaft zwar intensiv kritisierte, aber nach wie vor viel beachtete „Klassiker" herausgegriffen werden, die sich mit der Frage beschäftigt haben, was den Mitarbeiter zur Arbeit motiviert. Mithilfe dieser sehr einfach strukturierten Theorien kann eine für die Zwecke dieses Lehrbuchs hinreichende Annäherung an das schwierige Thema der Arbeitsmotivation im Auslandseinsatz erfolgen. Den Zusammenhang zwischen den beiden Motivationstheorien zeigt Abbildung 4-1.

Maslow ging in seiner Theorie unter anderem davon aus, dass die Befriedigung von Defizitbedürfnissen der niedrigeren Ebenen zunächst wichtiger ist als die Befriedigung von Bedürfnissen der darüber liegenden Ebenen. Die „höherwertigen" Bedürfnisse werden mithin erst dann bedeutsam, wenn bezüglich der anderen Bedürfnisse keine Defizite mehr vorhanden sind. Eine derartige pyramidenartige Motivsequenz wurde in diversen Forschungsarbeiten als unrealistisch beschrieben.[3] Allerdings kann Maslows Ansatz als hilfreiches Instrument herangezogen werden, um simultan mögliche Motive zu klassifizieren. „Die Berechtigung zu dieser kritischen Korrektur wird gerade im Falle des Auslandseinsatzes besonders deutlich. Denn hierbei - z.B. beim Einsatz in entlegenen Gebieten von Entwicklungsländern - kann durchaus der Fall eintreten, dass die üblichen physischen Grundbedürfnisse des Mitarbeiters (auch als Auslandsmanager) nicht im gewohnten Maße gedeckt werden können, dass auch die üblichen Sicherheitsmaßstäbe zumindest hinsichtlich der sozialen und gesundheitlichen Sicherheit nicht garantiert sind. Dennoch ist es realistisch, dass Auslandsmitarbeiter die Befriedigung des Wertschätzungsmotivs (esteem needs) [Ebene 4 in Abbildung 4-1, T.P.] infolge besonderer Anerkennung durch die Firmenleitung oder durch Verwandte und Freunde und die Möglich-

---

[1] Die Begriffsdifferenzierung stammt von Sprenger (1997)
[2] vgl. zusammenfassend Weinert (1998, 144 ff.)
[3] vgl. ausführlicher Weinert (1998, 145 ff.)

keit der eigenen Entfaltung im Sinne des Motivs der Selbstverwirklichung (self-actualization) als ausreichende Kompensation empfinden."[1]

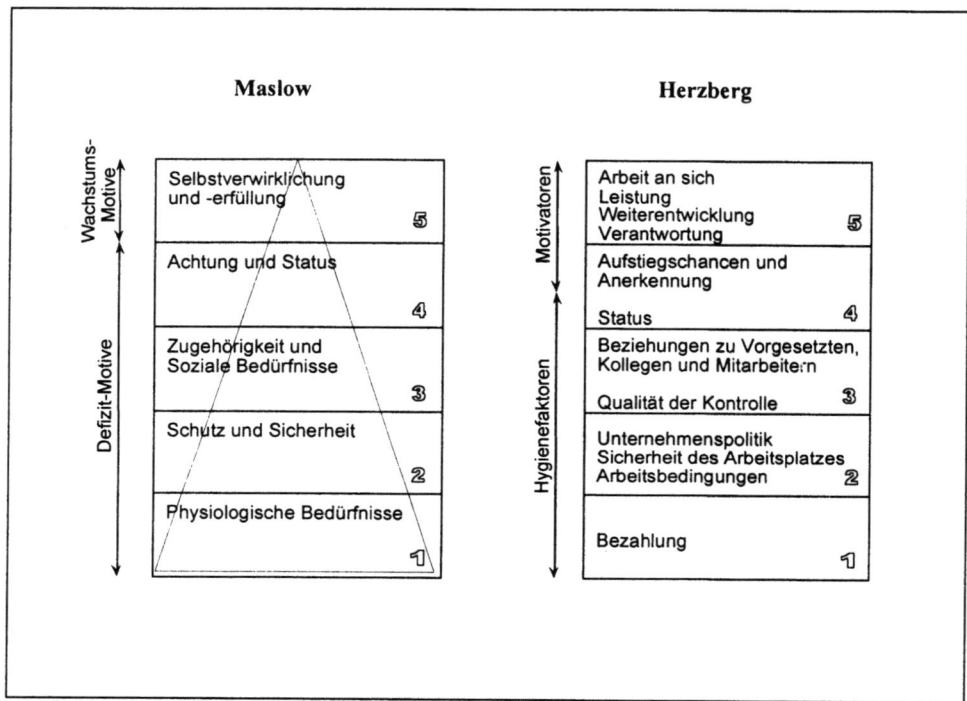

Abbildung 4-1: Motivationstheorien nach Maslow und Herzberg. Quelle: Pelz (1995, Folie 205) - modifiziert

Dieser kurzen Interpretation der Expatriate-Motivation im Hinblick auf die beiden oberen Ebenen des Maslow'schen Modells sollen einige Gedanken in Bezug auf die Ebenen eins bis drei der Bedürfnispyramide folgen: Inwieweit ein Unternehmen seine Expatriates hinsichtlich der Befriedigung der physiologischen Grundbedürfnisse (Ebene 1) unterstützen kann oder sogar muss ist wieder eine Frage der jeweiligen Rahmenbedingungen eines konkreten Auslandseinsatzes. Wenn deutsche Expatriates durch ihre Stammhäuser beispielsweise dann und wann mit Schwarzbrot oder mit Lübecker Marzipan versorgt werden, so ist dies sicherlich eher als nette Geste zu werten und nicht als eine Ausprägung der arbeitgeberlichen Fürsorgepflicht. Möglicherweise wäre auch die mehrfach beobachtete Tatsache, dass zum Auslandseinsatz ausreisende Singles nicht als solche in

---

[1] Dülfer (1995, 480 f.)

die Heimat zurückkehren, im Zusammenhang mit den Maslow'schen physiologischen Grundbedürfnissen zu analysieren; dieser Gedanke soll aber hier nicht weiter verfolgt werden.

Die auf der zweiten Ebene des Modells angesprochenen Sicherheitsbedürfnisse umfassen ein weites Spektrum, das bis hin zur Frage der Arbeitsplatzsicherheit nach Ende des Auslandseinsatzes gehen kann. An einigen Einsatzorten wird allerdings auch der Wunsch, vor Schädigungen durch Kriminelle bestmöglich geschützt zu sein, eine besonders große Bedeutung haben. Tabelle 4-2 zeigt hierzu eine Zusammenstellung von Empfehlungen zur Sicherheit von US-amerikanischen Expatriates, deren analoge Befolgung natürlich auch dem Sicherheitsbedürfnis von Expatriates aus anderen Staaten dienen kann.

Im Hinblick auf die sozialen Bedürfnisse der Expatriates (Ebene drei des Maslow'schen Modells) ist das Ergebnis der jüngeren Studie von Tung interessant, wonach die meisten von ihr befragten Expatriates eher dazu neigen, „to socialize with others who come from cultural backgrounds similar to my own."[1] Im Kontext mit den sozialen Bedürfnissen spielt aber auch die Intensität und vor allem die Qualität der Expatriate-Betreuung eine bedeutende Rolle. Schröder zeigt anhand von Beispielen drei grundsätzliche Ansätze zur sozialen Unterstützung während des Auslandsaufenthaltes, die in der Praxis unternehmensspezifisch konkretisiert und umgesetzt werden können:

- „Unterstützung durch Informationen kann die Mehrdeutigkeit möglicherweise bedrohlicher Situationen reduzieren. Ein Beispiel wäre der Hinweis eines schon länger im Gastland weilenden Kollegen darüber, dass das Schweigen und die Pausen während eines Verhandlungsgesprächs nicht als Ablehnung zu werten sind.
- Unterstützung der Selbstbewertung kann in der Form einer Rückmeldung darüber erfolgen, dass andere Personen etwa die Schwierigkeiten der Kontaktanbahnung mit einheimischen Kollegen ähnlich belastend erleben.
- Emotionale Unterstützung, d.h. Hinweise darauf, geschätzt, gemocht oder geliebt zu werden, bestärken den Empfänger in der Überzeugung, in kritischen Situationen bedingungslos auf Hilfe vertrauen zu können."[2]

Ferner ist für den Expatriate das Thema der organisationalen Zugehörigkeit besonders wichtig, da er im Regelfall in der schwierigen Rolle des „Dieners zweier Herren" steckt. Black/Gregersen haben in diesem Zusammenhang Expatriates hinsichtlich ihrer Loyalität gegenüber dem lokalen Unternehmen und gegenüber dem Stammhaus befragt. Dabei kategorisierten sie die in Tabelle 4-3 wiedergegebenen vier „Loyalitätstypen".

---

[1] Tung (1999, 6)
[2] Schröder (1995, 155 f.) – im Original teilweise hervorgehoben

10 Ways to keep Your Expat Out of Trouble
1. If you're setting up an expatriate training program, make sure global employees receive general training about traveling and living abroad, specific training on the place they're going to, and that they learn how and where to get more information.
2. Remind expats not to draw attention to the fact that they're American. Flag emblems, American cars, sweatshirts and T-shirts displaying American names, and other such items, are best left at home.
3. Advise expats that if they're traveling, they should arrive at the airport as close to departure as possible. Tell them to wait in areas away from the main flow of traffic and to sit in restaurants and lobbies where they're not as easily observed.
4. Make sure an expat's car and home are equipped with adequate security systems. A single family home should also have good outside lighting.
5. If you have an employee who drives to work or uses a driver, tell him or her to vary departure and arrival times and take different routes. Predictability is a common cause of problems.
6. For expats traveling in high-threat areas, tell them to avoid luggage tags or to attach fictitious luggage tags to their bags, placing the correct address inside.
7. Tell employees to stay current on crime and other problems by regularly checking The State Department's Travel Advisory service on the World Wide Web and by using other available services (...) that provide detailed information on various hot spots.
8. Make sure the employee registers with the American embassy or consulate in a foreign country. In the event of a disaster, war or an attempted overthrow of the government, minutes could make the difference in locating American expats. An embassy or consulate also can provide briefings on the latest trends.
9. Assure expats that they don't have to go overboard with security measures. Too much protection attracts attention. Virtually all business travelers, including senior executives, aren't well-known or recognized once they're away from their companies.
10. Advise employees to remain confident at all times. Those who look like victims often become victims. Would-be attackers often observe body language so employees should be conscious of how they appear. And remember, the odds of being kidnapped or caught in a terrorist attack are less than that of being hit by lightning.

Tabelle 4-2: Sicherheitsmaßnahmen für Expatriates. Quelle: Greengard (1997)

	Loyalität von Expatriates	
	Treue zur lokalen Einheit: gering	Treue zur lokalen Einheit: groß
Treue zum Stammhaus: gering	Free Agents (41 %)	Going Native (15 %)
Treue zum Stammhaus: groß	Hearts at Home (12 %)	Dual Citizens (32 %)

Tabelle 4-3: Loyalitätsformen von Expatriates. Quelle: modifiziert aus Weber et al. (1998, 172) nach Black/Gregersen (1992, 62 ff.)

Die Grundaussage der Zwei-Faktoren-Theorie von **Herzberg** ist, dass es zwei Kategorien von Bedürfnissen gibt. Eine Reihe von Arbeitsbedingungen, die Hygienefaktoren, müssen vorhanden sein, um nicht zur Unzufriedenheit des Mitarbeiters zu führen. Entsprechen die Hygienefaktoren (auch als extrinsische Faktoren oder Dissatisfier bezeichnet) den Mitarbeitererwartungen, ist nicht mit einer motivationalen Wirkung zu rechnen, es liegt lediglich der Fall der „Nichtunzufriedenheit" vor, aber eben nicht Zufriedenheit. Positiven Einfluss auf die Mitarbeitermotivation sollen nach Herzbergs Überlegungen nur die sogenannten Motivatoren (intrinsische Faktoren, Satisfier) haben.[1]

An dieser Stelle sollen nicht die einzelnen Faktoren im Herzberg'schen Modell aus Sicht des Expatriates diskutiert werden, da die Motivatoren approximativ den Ebenen eins und zwei der Maslow'schen Bedürfnispyramide entsprechen und die Hygienefaktoren im wesentlichen als Grundbedürfnisse im Sinne Maslows aufgefasst werden können. Hinzuweisen ist aber kurz auf ein Ergebnis aus der Studie von Tung: In ihrer Expatriate-Befragung kristallisierten sich die Aspekte „financial rewards" und „career advancement" als die beiden Hauptmotive für einen Auslandseinsatz heraus.[2] Hiermit sind sowohl Hygienefaktoren (Bezahlung) als auch Motivatoren (Aufstiegschancen, Weiterentwicklung) angesprochen, die nach der Zwei-Faktoren-Theorie wie folgt zu interpretieren sind: Wenn die Bezahlung als Hygienefaktor nicht den Erwartungen des Mitarbeiters entspräche, entstünde Unzufriedenheit. „Stimmt" die Bezahlung, geht davon aber auch keine Motivationswirkung aus, da sie dann als Selbstverständlichkeit angesehen wird. „Career advancement" als Motivator kann das Fehlen von Hygienefaktoren nur bedingt und unvollständig ausgleichen; erst bei Vorliegen der Hygienefaktoren (zum Beispiel die oben erwähnte Bezahlung), kann durch den Motivator „Career advancement" eine positive Wirkung hinsichtlich der Expatriate-Motivation erzielt werden.[3]

---

[1] vgl. Weinert (1998, 149 ff.)
[2] vgl. Tung (1999, 3)
[3] vgl. auch Olfert/Steinbuch (1998, 37)

Bei der „täglichen Arbeitsmotivation" am ausländischen Arbeitsort wirkt ein vielschichtiges Geflecht von Motivationsfaktoren, die sich kaum einer isolierten Betrachtung zuführen lassen. Durch das Unternehmen zu gestaltende Anreizsysteme, die der Motivierung des Expatriates dienen sollen, müssen selbstverständlich wettbewerbsfähig sein. Dies gilt verstärkt für den Einsatz an Standorten, an denen die Kommunikation innerhalb der „Expatriate-Community" sehr ausgeprägt ist. In den meisten Fällen wird es aber aufgrund der besonderen Konstellation eines Auslandseinsatzes ganz besonders darauf ankommen, dass der Expatriate in der Lage ist, sich selbst zu motivieren (Motivation im engeren Sinne).

4.2.2 Die Rolle des familiären Umfeldes

In Abschnitt 2.4.3 wurde das Thema Familie bereits als möglicher Hinderungsgrund für einen Auslandseinsatz diskutiert. Aber auch, wenn es zu einer Versetzung ins Ausland mit Familienbegleitung kommt, darf das familiäre Umfeld nicht aus dem Blickfeld geraten. Gibt es familiäre Probleme, so schlägt dies in den meisten Fällen auch auf die betriebliche Leistung des Mitarbeiters durch. Eine Reihe von Untersuchungen hat gezeigt, dass die Familie des Expatriates sogar einen kritischen Erfolgsfaktor für den Auslandseinsatz darstellt: „Bei mangelnder sozialer Unterstützung - etwa weil die Familie selbst überlastet ist - fehlt dem Mitarbeiter eine wichtige Coping-Ressource gegen den Stress des Auslandseinsatzes. Zusätzlich können sich die Anpassungsprobleme eines Familienmitglieds im Sinne eines ‚Ansteckungseffekts' (‚contagion effect') auf andere Familienmitglieder übertragen und so zu einer Beeinträchtigung der beruflichen Leistung des Mitarbeiters führen. Falls die Probleme nicht gemeinsam bewältigt werden, kann der Teufelskreis aus fehlender sozialer Unterstützung und erhöhtem Stress innerhalb der Familie zum Abbruch des Auslandseinsatzes führen."[1]

Die Einstellung, dass der wahre Manager sich „zunächst einmal in der Führung der Familie"[2] beweist, ist sicherlich nicht mehr zeitgemäß. Die für die Betreuung der Expatriates zuständigen Stellen sollten sich daher mit der – im nationalen Personalmanagement eher seltenen – Rolle vertraut machen, Unterstützung bei den Familienangelegenheiten des Mitarbeiters im Auslandseinsatz anzubieten.[3]

Die grundsätzlich mögliche, wenn auch meistens schwierige Unterstützung bei der Suche nach einer Beschäftigung für den Partner des Expatriates wurde bereits an anderer Stelle skizziert. Wenn eine Beschäftigung am Einsatzort aufgrund von rechtlichen und/oder kulturellen Barrieren nicht möglich ist, können sich hieraus langfristige Nachteile für den mitausreisenden Partner ergeben. Die Situation kann mit der des

---

[1] Stahl (1995, 42 m.w.N.)
[2] So eine der vom IFIM (1994, 4) zusammengetragenen „sieben Todsünden bei der Auswahl von Auslandsmitarbeitern".
[3] vgl. Weber et al. (1998, 15)

Sportlers verglichen werden, der sich, nicht wegen schlechter Leistungen, sondern aus Gründen, die außerhalb seiner Kontrolle liegen, auf der Ersatzbank wiederfindet und möglicherweise sogar noch ansehen muss, dass die im Spiel befindlichen Spieler eigentlich nicht seine Klasse haben – und: „If you're out of the game too long, you're corporately old before your time and may never get back in at the competitive level."[1]

Wenn sich Einsatzmöglichkeiten im bisherigen Beruf des Partners des Expatriates nicht realisieren lassen, hilft es nicht, zu resignieren, sondern es gilt Alternativen für eine „sinnvolle Lebensgestaltung"[2] zu suchen. Verantwortungsbewusste Expatriate-Arbeitgeber versuchen bei diesem Prozess im Rahmen von „Partner Policies" zu helfen.[3] Ansatzpunkte hierbei sind:

- Separate Beratung des ausreisenden Partners,
- Unterstützung bei der Suche nach (im Einsatzland zulässigen) beruflichen Alternativen, gegebenenfalls auch ehrenamtlicher Art bei gemeinnützigen Organisationen,
- Finanzierung von Weiterbildungsmaßnahmen vor Ort oder im Rahmen von Fernstudien ("Spouse Career Allowance"),
- Unterstützung der sozialen Eingliederung am Einsatzort („Bloom where you are planted"), zum Beispiel durch Finanzierung entsprechender Clubmitgliedschaften.[4]

Selbst bei Nutzung der aufgeführten Optionen, kann es zu einer „Sinnkrise im Gastland" kommen, da das über Jahre hinweg gewachsene und als „sozialer Resonanzboden" so wichtige Beziehungsnetz nicht mehr direkt zur Verfügung steht; die Beziehung zu den neuen Bekannten vor Ort muss sich in den meisten Fällen erst einmal entwickeln. Darüber hinaus können Schwierigkeiten daraus erwachsen, dass – abhängig von der Position des Expatriates und dem Einsatzland – die Ehefrau in die Rolle der „repräsentierenden Gattin" gedrängt wird; eine Rolle, die sicherlich nicht bei jeder Frau Begeisterungsstürme auslöst.[5]

Die geschilderten Probleme sollen nicht bagatellisiert werden; jedoch muss darauf hingewiesen werden, dass sich „unterm Strich" auch für den mitausreisenden Partner bei entsprechendem Engagement der Auslandsaufenthalt als eine außerordentlich bereichernde Lebenserfahrung darstellen kann. Gleiches gilt für mitausreisende Kinder, die viele der positiven und negativen Erfahrungen des Auslandsaufenthaltes mindestens so intensiv erleben wie ihre Eltern. Die landläufige Meinung, dass Kinder den Anpassungsprozess an eine fremde Umgebung besser verkraften als Erwachsene ist tendenziell wohl richtig; die Phasen des Kulturschocks und das seltsame Gefühl auf einmal „Ausländer" zu sein, erfassen aber auch sie.[6] Von Erwachsenen, die als Kinder von „Transpatriates"

---

[1] Adams (1999, Chapter 4)
[2] Wirth (1992, 204)
[3] vgl. FT (1999)
[4] vgl. Fitzgerald-Turner (1997) und Schell (1996)
[5] vgl. Bittner/Reisch (1994, 139 ff.)
[6] vgl. die Untersuchung von neun- bis elfjährigen Kindern von Alston/Stratford (1999)

alle paar Jahre ihren Standort wechseln, wird berichtet, dass ihnen das Gefühl der Verwurzelung fehlt und sie früher die „richtigen" Freunde vermisst haben und sich zeitweise isoliert fühlten. Als Spätfolge kann es solchen Menschen ein Leben lang schwer fallen, sich längerfristig an einem Ort niederzulassen.[1]

Vor und nach der Ausreise mit Kindern ist eine altersgemäße Auseinandersetzung mit dem neuen Umfeld von großer Bedeutung.[2] Manager, für die professionelle Zeitplanung eine Basiskompetenz ist, sollten nicht „vergessen", an eine hinreichende Zeitreserve für das Gespräch mit ihren Kindern und das gemeinsame Erleben der neuen Umgebung zu denken. Die Frage, ob die Kinder lokale, deutsche oder internationale Schulen beziehungsweise Kindergärten besuchen sollen, muss, sofern sich die Optionen überhaupt stellen, im Einzelfall entschieden werden. Der sicherlich interessanten Lernerfahrung in einer lokalen Bildungseinrichtung steht hierbei das nicht unerhebliche Problem der internationalen Kompatibilität von Bildungsinhalten gegenüber. Sofern die zeitliche Planung des Auslandseinsatzes es ermöglicht, sollte auf alle Fälle aber versucht werden, die Kinder erst zu Beginn eines neuen Schuljahres in ihre neue Lernumgebung zu bringen.[3]

Wenn bislang vom „familiären Umfeld" gesprochen wurde, so stand dabei implizit die „traditionelle" und „intakte" Familie im Mittelpunkt. Noch vor wenigen Jahren war auch dies die einzige Konstellation, die im Rahmen des Expatriate-Managements berücksichtigt wurde. Aber was ist mit anderen Lebensformen, zum Beispiel mit alleinerziehenden Müttern oder Vätern, homosexuellen Paaren oder den zahlreichen „Patchwork-Familien"? Fortschrittliche Unternehmen haben sich dem gesellschaftlichen Wandel gestellt und sind auch bei von der herkömmlichen Norm abweichenden Lebensformen zur Unterstützung der „familiären" Angelegenheiten ihrer Expatriates bereit. Manchmal kann es in diesem Zusammenhang auch zu durchaus kreativen Lösungen kommen, wie das von Hilary Harris vom Centre for Research into the Management of Expatriation der Cranfield University zitierte Beispiel belegt: „I had the example of a single woman with a child whose nanny was sent with her as partner. It worked extremely well. It needs a bit of imagination and ability to move beyond rigid systems."[4]

---

[1] vgl. Tsang-Feign (1996)
[2] vgl. die Tipps bei Bittner/Reisch (1994, 146 f.)
[3] vgl. Fitzgerald-Turner (1997)
[4] aus ST (1999)

4.3 Determinanten des „Dürfens"

4.3.1 Führung im fremden Umfeld

> **Fall: Das neue Informationssystem**
>
> Bernstein wird von der Geschäftsleitung in Bremen (nach Abstimmung mit den Partnern des Joint Venture, die keine Einwände haben) aufgefordert, die EDV auf das in Deutschland eingeführte System umzustellen. Nachdem man dort mit großem Aufwand die Geschäftsprozesse analysiert und angepasst hat, ist man an einer globalen Einführung interessiert, um so schneller verlässliche Geschäftsdaten zur Steuerung und Kontrolle der weltweiten Geschäftsaktivitäten zu erhalten.
>
> Bei der UGDA in Singapur wurde in der Gründungsphase vom vor Ort eingestellten IT Manager eine EDV Lösung implementiert, die sich stark an den örtlichen Gegebenheiten orientiert und die der IT Manager als „seine Lösung" ansieht.
>
> **Fragen zum Fallbeispiel:**
>
> 1. Mit welchen Konflikten muss Bernstein rechnen?
> 2. Wie würden Sie vorgehen, um eine zügige Implementierung des neuen Informationssystems zu realisieren?

Seit langem wird in der Managementforschung diskutiert, ob Führung ein universelles („etic") oder aber ein kulturspezifisches („emic") Phänomen darstellt und ob es, etwa durch die zunehmenden globalen Einflüsse, zu einer weltweiten Konvergenz von „adäquaten" Führungsstilen kommen wird.[1]

Diese Grundlagendiskussion soll hier nicht aufgegriffen werden, sondern es werden im Folgenden einige grundlegende Aspekte der Führung im fremden Umfeld skizziert. Es geht dabei im wesentlichen um die Frage „Was darf der Auslandsmitarbeiter?" oder, anders ausgedrückt, über welchen Handlungsspielraum verfügt der Expatriate bei der Leistungserbringung am ausländischen Einsatzort und welches sind die den Handlungsspielraum eventuell einschränkenden Faktoren. Die in diesem Zusammenhang anzusprechenden Punkte können im Rahmen des Expatriatemanagements in zweierlei Hinsicht

---

[1] vgl. z.B. Hartog et al. (1999)

relevant sein: Zum einen muss ein im Ausland als Führungskraft eingesetzter Expatriate Kenntnisse über die Besonderheiten der Führungssituation am Einsatzort besitzen, zum anderen ist eine Auseinandersetzung mit dem Thema der Führung im fremden Umfeld für diejenigen Expatriates wichtig, die am Einsatzort Mitarbeiter einer einheimischen Führungskraft sind.[1]

Einen ersten Eindruck von der potenziellen Vielschichtigkeit der Führung im fremden Umfeld soll Tabelle 4-4 widerspiegeln, die in Form deskriptiver Kategorien die Ergebnisse einer umfangreichen Studie (2 500 teilnehmende europäische Führungskräfte, Untersuchungszeitraum sechs Jahre) der Cranfield School of Management zu europäischen Führungsstilen zusammenfasst.

Führung lässt sich mit Staehle ganz allgemein als „die Beeinflussung der Einstellungen und des Verhaltens von Einzelpersonen sowie der Interaktionen in und zwischen Gruppen, mit dem Zweck, bestimmte Ziele zu erreichen"[2] verstehen. Folgt man diesem Verständnis von Führung, so stellt sie sich als ein wechselseitiger Einflussprozess dar, dessen Grundstruktur in Abbildung 4-2 wiedergegeben ist.

Zur Erläuterung: „Ob ein Mitarbeiter sich einem Einflussversuch seines Vorgesetzten beugt, wird von bestimmten Bedingungen abhängig sein. Zunächst einmal ist an die Ziele bzw. Bedürfnisse der Mitarbeiter (Einflussadressaten) zu denken. Die Mitarbeiter werden prüfen, inwieweit das gewünschte Verhalten ihren eigenen Zielen entspricht bzw. ihre Bedürfnisbefriedigungschancen steigert. Die - als rational unterstellte - Entscheidung darüber, ob und inwieweit sie einem Einflussversuch stattgeben, hängt wesentlich auch davon ab, welche Einflussmöglichkeiten (Machtgrundlagen) die Mitarbeiter dem Beeinflusser zuschreiben; dies wiederum ist eine Funktion der Erfahrung, in welchem Maße der Vorgesetzte von seinen Einflussmöglichkeiten (...) bisher Gebrauch gemacht hat."[3]

---

[1] Häufig wird es auch eine Mischung der Perspektiven geben, zum Beispiel wenn ein an den lokalen Geschäftsführer berichtender Expatriate Abteilungsleiter ist, der Verantwortung für lokale Mitarbeiter hat.
[2] Staehle (1991, 303)
[3] Klaus (1994, 226 f.)

Management Styles: A European View	
Model of Leadership Behavior	**Location of Emphasis**
Leadership by Consensus ■ Emphasis on participation and team effort ■ Open dialogue ■ Self-discipline in activities ■ Consensual decision making	Nordic cultures
Leadership toward a Common Goal ■ Emphasis on authority in disciplined systems ■ Reliance on functional expertise ■ Clear roles and responsibilities ■ Identity with controls	Germanic cultures
Leading from the Front ■ Emphasis on charisma in leaders ■ Reliance on manager's abilities ■ Avoidance of rules and procedures ■ Benevolent dominance	Latin cultures
Managing from a Distance ■ Emphasis on authority, rank, and status differentials ■ Pursuit of personal agendas ■ Little vertical communication ■ Ambiguity in relationships and roles	French culture

Tabelle 4-4: Europäische Führungsstile. Quelle: modifiziert aus Holt (1998, 742 nach Myers et al. (1995, 21)

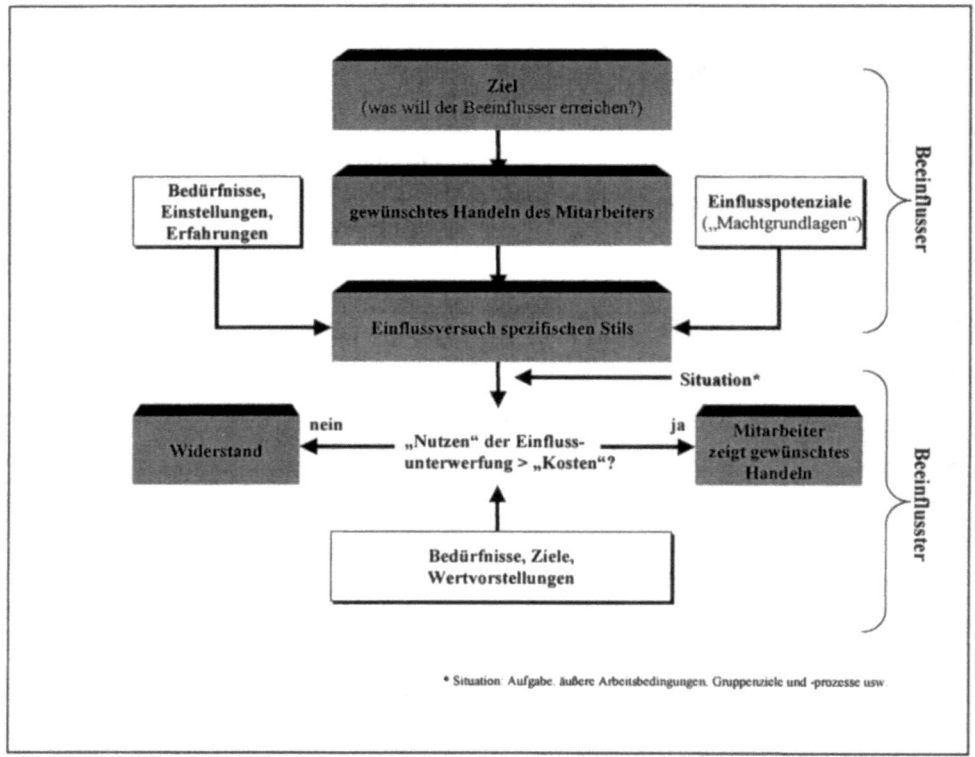

Abbildung 4-2: Führung als wechselseitiger Einflussprozess. Quelle: modifiziert aus Klaus (1994, 227)

Anhand des hier beschriebenen Ansatzes des wechselseitigen Einflussprozesses können Problemfelder der Führung im fremden Umfeld identifiziert werden. Die auf die Ausgestaltung der Führung einwirkende **Situation** vor Ort kann durch

(a) rechtlich-politische Normen,
(b) soziale Beziehungen und Bindungen,
(c) kulturell bedingte Wertvorstellungen,
(d) Realitätsverständnis und Technologie sowie
(e) durch natürliche Gegebenheiten beeinflusst werden. [1]

Dülfer gibt zu diesen grundsätzlich möglichen Einflussfaktoren folgende nähere Erläuterungen, die selbstverständlich nicht verallgemeinert werden dürfen, sondern als exemplarisch anzusehen sind und im Einsatzfall landesspezifisch analysiert werden müssen:

---

[1] vgl. Dülfer (1995, 404 f.)

(a) „Rechtskreis- bzw. länderspezifisches Gesellschafts- und Arbeitsrecht; Divergenzen zwischen positivem (modernem) Recht und traditionellem Gewohnheitsrecht; Einfluss religiöser Normen; mangelnde Sozialversicherungssysteme.
(b) Auswirkungen sozialer Bindungen in Großfamilie, Clan, Kaste, Stamm auf Arbeits- und Führungsverhalten; Belastung durch ethnische und rassische Spannungen;
(c) Verhaltensbeeinflussung durch religiöse (insbesondere islamische, buddhistische, hinduistische, animistische) Glaubensinhalte; familiär-traditionelle Pflichten (Reziprozitätsprinzip), Tabus; Einstellung zur Arbeit; Besondere Zeitvorstellung.
(d) Auswirkungen geringen naturwissenschaftlichen Bildungsstandes (z.B. mythologischer Interpretation realer Fakten) auf technologische Entwicklung und Mensch-Maschine-Beziehung; mangelnde Terminologie in Alltags- und Arbeitssprache; Analphabetismus;
(e) Einfluss extremer natürlicher Bedingungen (Temperatur, Feuchtigkeit, Höhenlage, Unfallrisiken) auf Motivations- und Leistungsfähigkeit."[1]

Ein großes Problem der Führung im fremden Umfeld liegt darin, dass es den Beteiligten am Führungsprozess häufig an der als wichtig geltenden **Erfahrung** mit der fremden „Gegenseite" fehlt. Das Übertragen von ähnlichen Erfahrungen auf die konkrete Führungssituation vor Ort ist nicht ohne Risiko; vor allem dann, wenn - nach der Devise „Ausland ist gleich Ausland" - Führungserlebnisse in einem „anderen" Ausland auf das derzeitige Einsatzland übertragen werden. Diese mangelnde Erfahrung strahlt auch auf die **Einflusspotenziale** („Machtgrundlagen") aus: Die neu im Ausland tätige Führungskraft wird im Regelfall nach und nach ausloten müssen, inwieweit ihre „**Einflussversuche**" akzeptiert werden; erinnert sei an dieser Stelle an Hofstedes Kulturdimension der „Machtabstandstoleranz".

In diesem Zusammenhang erscheint das nachstehende Beispiel für signifikante Unterschiede im erwarteten Führungsverhalten von Interesse. In der Studie von Laurent wurden 1 800 Führungskräfte aus zwölf Ländern nach dem aus ihrer Sicht adäquaten Führungsverhalten befragt. Tabelle 4-5 zeigt beispielhaft die Ergebnisse hinsichtlich der Untersuchungsfrage nach der als erforderlich angesehenen Präzision von Antworten, die Führungskräfte auf Fragen ihrer Mitarbeiter geben.

---

[1] Dülfer (1995, 405)

Zustimmung zu der Aussage „Es ist wichtig für einen Manager, präzise Antworten für die meisten Fragen zu haben, die Mitarbeiter bezüglich ihrer Arbeit stellen"		
Führungskräfte aus	Anzahl Teilnehmer	Zustimmung in %
USA	138	13
Schweden	90	13
Niederlande	134	18
Dänemark	102	27
Großbritannien	349	30
Deutschland	161	40
Schweiz	88	40
Belgien	81	49
Frankreich	382	59
Italien	91	59
Indonesien	92	67
Japan	54	77

Tabelle 4-5: Erwartetes Führungsverhalten. Quelle: modifiziert aus Scholz (1994, 857) nach Laurent (1986, 94)

Die **Bedürfnisse** und **Wertvorstellungen** des zu Führenden dürften, wie oben erwähnt, ebenfalls eine nur schwierig zu erfassende Variable im Führungsprozess darstellen. Nicht von ungefähr werden gängige Kulturkonzepte häufig als Schichtenmodelle (zum Beispiel als Zwiebel, Eisberg oder als Pflanzen mit dem dazugehörigen Erdreich etc.) veranschaulicht, in denen die für eine Kultur spezifischen Werte in den inneren beziehungsweise tieferen Schichten verborgen und somit für Außenstehende nur schwer zugänglich sind. Die Unsicherheit der Führung im fremden Umfeld kann weiterhin durch die unterschiedliche Bedeutung von **Zielen** erhöht werden. Hier ist zum Beispiel an die möglicherweise höchst unterschiedlichen relevanten Zeithorizonte von Führer und Geführtem zu denken, die ihre Ursachen sowohl in kulturellen Unterschieden als auch in unterschiedlichen Vertragslaufzeiten haben können. Erschwerend kann hinzukommen, dass für Expatriates häufig die Ziele ihres Auslandseinsatzes nicht hinreichend konkretisiert sind.[1]

Da Führung immer einen kommunikativen Prozess darstellt, müssen bei der Führung im fremden Umfeld zusätzlich die Aspekte interkultureller Kommunikation beachtet werden. Ein typisches Basismodell der Kommunikation ist in Abbildung 4-3 zu sehen: Der Sender codiert eine Information und sendet sie dann über einen Kommunikationskanal. Der Empfänger decodiert die empfangene Botschaft anhand seines eigenen Interpretationsschemas und „sendet" sein Feedback an den Kommunikationspartner zurück; hierbei setzt sich die Kette „Codierung - Wahl des Kommunikationskanals – Decodierung" dann in umgekehrter Richtung wieder fort. Faktoren, die den reibungslosen Kommunikationsverlauf beeinträchtigen, werden „Rauschen" (Noise) genannt.[2]

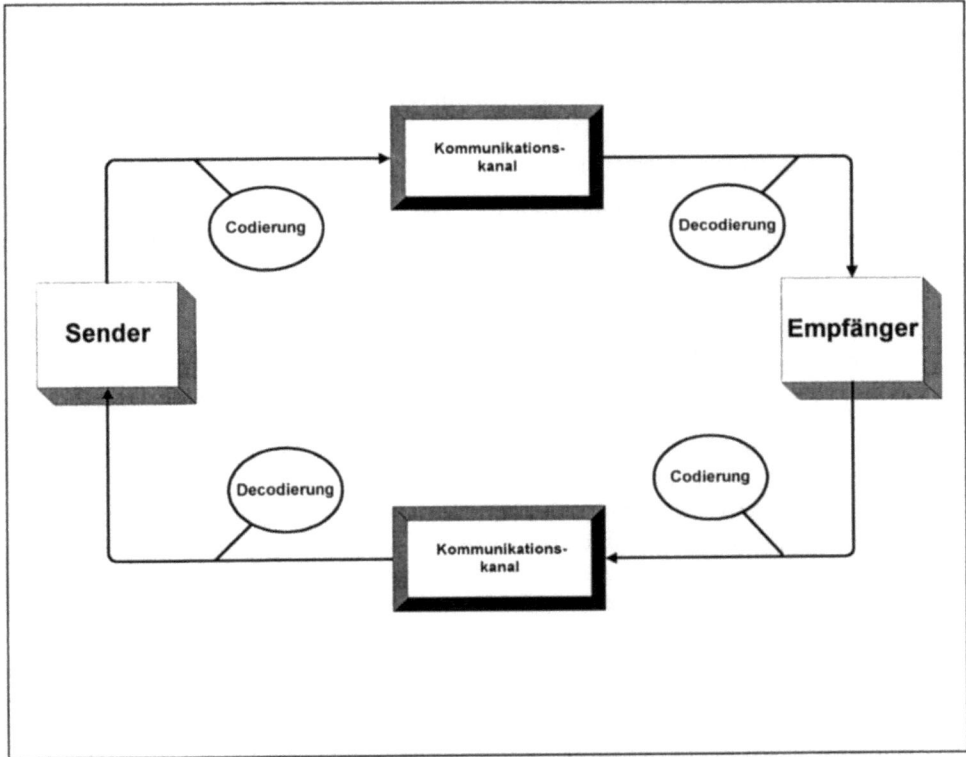

Abbildung 4-3: Der Kommunikationsprozess. Quelle: Eigene Darstellung

---

[1] vgl. Klimecki (1996, 340)
[2] vgl. z.B. Francesco/Gold (1998, 56)

Der Prozess der Codierung/Decodierung sowie die Auswahl des „richtigen" Kommunikationskanals (Typische Fragen: Schriftlich oder mündlich? Wenn schriftlich: e-mail? handschriftliche Notiz?) ist schon innerhalb einer Kultur nicht einfach und wird bei der interkulturellen Kommunikation aufgrund der unterschiedlichen Interpretationsschemata von Sender und Empfänger sehr komplex. Besonders deutlich wird dies bei der unterschiedlichen Kontextabhängigkeit von Kommunikation, die in Halls Kulturdimension „high-context versus low-context communication"[1] zum Ausdruck kommt. Während Angehörige einer low-context orientierten Kultur sich „frei heraus" und direkt äußern, ist es bei high-context geprägten Kommunikationsmustern wichtig zu wissen, was von wem in welchem Zusammenhang gesagt wurde, was gegebenenfalls weggelassen wurde und auch, was unter Umständen mehrfach gesagt wurde. Auch bei dieser Differenzierung darf man selbstverständlich nicht in zu schlichte Schwarz-Weiß-Muster verfallen, so stellt zum Beispiel die deutsche „Zeugnissprache" innerhalb der in Deutschland sonst dominierenden low-context Kommunikation einen Sonderfall einer sehr ausgeprägten high-context Kommunikation dar.

Bei einer detaillierteren Betrachtung der interkulturellen Kommunikation lassen sich mit Gudykunst/Ting-Toomey[2] in Hinsicht auf die **verbale Kommunikation** vier unterschiedliche Grundmuster unterscheiden:[3]

1. Direkter vs. indirekter Kommunikationsstil: Das Senden einer Nachricht erfolgt beim direkten Kommunikationsstil eher explizit; dieses Kommunikationsmuster findet man in low-context-Kulturen sowie in individualistisch geprägten Kulturen. In high-context-Kulturen und in kollektiven Kulturen dominiert hingegen die indirekte Art der verbalen Kommunikation, bei der die Nachrichtenübertragung eher implizit erfolgt. Francesco/Gold geben folgendes Beispiel für die Unterscheidung direkter vs. indirekter Kommunikationsstil: „For example, North Americans using the direct style say, "No" or "I can't do that," if they are unable to make a particular deal. In contrast, a Korean speaker might say, "It might be possible," or „It's interesting in principle," rather than say "no" directly."[4]
2. Quantität der verbalen Kommunikation: Bei der elaborierten Ausprägung, die in high-context-Kulturen mit mittlerer Unsicherheitsvermeidung zu beobachten ist, wird relativ viel gesprochen, man geht oft ins Detail, wiederholt, benutzt Umschreibungen etc.; als Beispiele gelten u.a. eine Reihe von arabischen Ländern. Demgegenüber stehen high-context-Kulturen mit hoher Unsicherheitsvermeidung (zum Beispiel Korea), bei denen vergleichsweise wenig gesprochen wird und Stille, Pausen und Untertreibung zum „normalen" Kommunikationsmuster gehören. Zwischen diesen beiden Polen findet man in low-context-Kulturen mit niedriger Unsicherheitsvermeidung hinsichtlich der Quantität der verbalen Kommunikation das „exakte" Maß, das

---

[1] vgl. Hall (1977 und 1984)

[2] vgl. Gudykunst/Ting-Toomey (1988), die die Kommunikationsstile zu den Kulturdimensionen von Hofstede und Hall in Beziehung gesetzt haben.

[3] vgl. zum folgenden vor allem Francesco/Gold (1998, 58 ff.) m.w.N.

[4] Francesco/Gold (1998, 58 f.)

heißt, es wird gerade soviel wie nötig gesprochen: „The exacting style is typical in England, Germany and Sweden. In these cultures, it is important to use words in a clear manner, in just the right quantity, with just the meaning intended. Using too many words is considered exaggeration, and using too few words, ambiguous."[1]

3. Persönlich vs. kontextuell: In low-context-Kulturen mit geringem Machtabstand und einem hohen Maß an Individualismus stellt die Kommunikation insbesondere auf die Person des Kommunikationspartners ab, während bei der kontextuellen Ausprägung, die bei high-context-Kulturen mit hohem Machtabstand und ausgeprägtem Kollektivismus dominiert, die Rolle (Hierarchie, Geschlecht etc.) der Kommunikationspartner und ihre spezifische Rollenbeziehung die Art der Kommunikation beeinflussen.

4. Instrumentalisierend vs. affektiv: Bei verbaler Kommunikation der instrumentalisierenden Art, die man in low-context Kulturen individualistischer Prägung findet, benutzt der Sender eine zielorientierte sender-fokussierte Sprache. Hingegen ist die Sprache beim affektiven Stil, der in high-context Kulturen mit ausgeprägtem Kollektivismus vorherrscht, vor allem empfängerorientiert und berücksichtigt den Verlauf des Kommunikationsprozesses. Zur Verdeutlichung: „People from Australia, for example, use the instrumental style. In speaking, the goal may be to persuade the listener, and the message is developed with this in mind. In contrast, Puerto Ricans use the affective style, so that neither the speaker nor the receiver is put in an uncomfortable position. The speaker listens to and closely observes the receiver to interpret how a message is being taken."[2]

Besonders problematisch kann das Aufeinandertreffen verschiedener verbaler Kommunikationsstile sein, wenn eine Fremdsprache zwar hinsichtlich Wortwahl, Grammatik etc. korrekt gesprochen wird, allerdings dabei das durch die Muttersprache gelernte und möglicherweise abweichende Muster verbaler Kommunikation verwendet wird.[3]

Beim interkulturellen verbalen Kommunikationsprozess wird „Rauschen" regelmäßig auch durch die mangelnde Beherrschung einer Fremdsprache verursacht. Fremdsprachenbenutzer verwenden häufig Modalitätsreduktion, Bedeutungsreduktion und Themenvermeidung als Kommunikationsstrategien: „Modalitätsreduktion liegt vor, wenn abtönende sprachliche Mittel wie etwa Modalpartikel (z.B. „ich wollte mal eigentlich nur gerade ...") nicht angemessen in der fremden Sprache ausgedrückt werden können und die Äußerung deshalb auf der Beziehungsebene zu direkt und zu undifferenziert wirkt. Bedeutungsreduktion liegt vor, wenn aufgrund fehlenden Vokabulars Sachverhalte nicht differenziert genug ausgedrückt werden können (z.B. „Ding" statt des passenden Terminus). Themenvermeidung schließlich liegt vor, wenn ein Fremdsprachensprecher zu bestimmten Themen oder überhaupt aus sprachlicher Unsicherheit nur wenig oder gar nichts sagt."[4] Das Rauschen verstärkt sich noch, wenn man zwar

---

[1] Francesco/Gold (1998, 59)
[2] Francesco/Gold (1998, 60)
[3] vgl. Francesco/Gold (1998, 60)
[4] Knapp (1996, 70)

meint, dieselbe Fremdsprache (etwa Englisch als lingua franca innerhalb eines Konzernverbundes) zu sprechen, aufgrund unterschiedlicher Umfelder beim Lernen der Sprache (Herkunft der Lehrer und des Unterrichtsmaterials, Lernort etc.) aber doch in entscheidenden Nuancen „aneinander vorbei redet". Allein die Rechtschreibprüfung des Textverarbeitungsprogramms, mit denen diese Zeilen geschrieben sind, unterscheidet zum Beispiel zwischen acht verschiedenen Arten von Englisch. Somit kann es immer wieder zu sprachlich bedingten Missverständnissen kommen; bekannt geworden ist etwa die Belustigung, die der Titel des US-Films „Free Willie" bei den Briten mit sich brachte.

Weitere kulturell bedingte Unterschiede im Kommunikationsverhalten liegen im Bereich der **paraverbalen Kommunikation**, das heißt in der unterschiedlichen Nutzung von Lautstärke, Betonung und Tonhöhenmodulation sowie in der Art des Sprecherwechsels.[1] Schließlich wird der Kommunikationsprozess noch durch die Unterschiede bei der **nonverbalen Kommunikation** beeinflusst, ein Bereich, in dem die sprichwörtlichen Fettnäpfchen in besonders großer Anzahl zu finden sind. Nonverbale Kommunikation umfasst unter anderem die Elemente der Kinesik (Körpersprache, Mimik, Gestik und Haltung) und der Haptik (Intensität und Art des Körperkontakts). Ferner spielt der Augenkontakt („erlaubt"/ „wie lange erlaubt"/ „nicht erlaubt") sowie die Distanz bei der Kommunikation („Intimitätszone") eine Rolle. Mitunter wird auch noch der Gebrauch von Zeit („Chronemics") und der Gebrauch von Farben („Chromatics") sowie Fragen des „Dress Code" der nonverbalen Kommunikation zugeschrieben.[2]

---

[1] vgl. u.a. Knapp (1996, 65 m.w.N.)
[2] vgl. Mead (1998, 162) und Francesco/Gold (1998, 60)

4.3.2 Interkulturelle Arbeitsgruppen

> **Fall: Das multikulturelle Arbeitsteam**
>
> Annette Lloyd ist von ihrer neuen Aufgabe und von dem Leben in Singapur begeistert. Jeder Tag bietet neue und spannende Herausforderungen. Bei der UGDA ist sie sehr gut aufgenommen worden. Das durch Bernstein gestaltete, ausgewogene Einarbeitungsprogramm hat für sie das Einleben einfacher gemacht.
>
> Neben dem Alltagsgeschäft hat Annette Lloyd auch diverse Projektaufgaben übernommen. In einem Projekt („EDIFACT bei der UGDA") arbeitet sie mit Kolleginnen und Kollegen aus den USA, Großbritannien, Malaysia und aus Singapur zusammen.
>
> Mit einer ehemaligen Kommilitonin und guten Freundin, die bei einem Hamburger Konsumgüterhersteller im Marketing tätig ist, tauscht Lloyd sich regelmäßig via e-mail über ihre Erfahrungen und Erlebnisse in Singapur aus. In einem e-mail der Freundin taucht nun die Frage auf, ob denn die Arbeit in einem kulturell gemischten Team eigentlich anders („besser"?, „schlechter"?) läuft als in einem rein deutschen Team.
>
> Lloyd hatte sich darüber noch keine weiteren Gedanken gemacht, will aber jetzt versuchen, die Arbeit in ihrem Team hinsichtlich der Frage ihrer Freundin einmal etwas reflektierter zu beobachten.
>
> **Fragen zum Fallbeispiel:**
>
> 1. Welche Vor- und Nachteile bietet die Arbeit in multikulturellen Arbeitsteams?
> 2. Gibt es „Erfolgsrezepte" für die effektive Zusammenarbeit von multikulturellen Arbeitsteams?

Die Arbeit in multikulturellen Teams gehört heutzutage in vielen international tätigen Unternehmen zur Normalität des Arbeitsalltags. Derartige Teams können unterschiedliche Bestimmungen haben, neben dem in der Fallstudie geschilderten Zweck (Arbeit im internationalen Joint Venture), gibt es multikulturelle Teams beispielsweise noch im Bereich der Konzernzentralen (im corporate headquarters und auch in regional headquarters), in funktionsorientierten Teams (zum Beispiel Forschung und Entwicklung) sowie im Bereich von neuen Geschäftsentwicklungen („business development") und bei der Produktentwicklung und -einführung.[1]

---

[1] vgl. Schneider/Barsoux (1999, 183 m.w.N.)

Häufig werden multikulturelle Teams gezielt gebildet, um die ihnen zugeschrieben Vorteile realisieren zu können. Zu diesen spezifischen Vorteilen zählen potenziell:

- Vielfalt an Perspektiven,
- größere Offenheit gegenüber neuen Ideen,
- erhöhte Flexibilität,
- erhöhte Kreativität und
- erhöhte Problemlösefähigkeiten.[1]

Es gibt Untersuchungen, die zu dem Ergebnis gekommen sind, dass vor dem Hintergrund der oben aufgeführten Vorteile die Entscheidungsfindung und die Resultate der Arbeit in multikulturellen Teams im Vergleich zu monokulturellen Teams effektiver sein können. Andererseits gibt es aber auch genau entgegengesetzte Beobachtungen, wonach die Arbeit von multikulturell gemischten Teams außerordentlich problembeladen sein und mitunter zu desolaten Arbeitsergebnissen führen kann.[2] Mögliche Gründe hierfür sind:

- hoher Grad an Komplexität,
- hohes Maß an Ambiguität,
- ggf. niedrige Gruppenkohäsion,
- Misstrauen,
- Kommunikationsprobleme.[3]

Thomas gibt folgende „Faustregel" für das Führen von interkulturellen Arbeitsgruppen: „Je divergenter die aufeinandertreffenden Kulturen, die daraus resultierenden Orientierungssysteme und die spezifischen Kulturstandards sind, um so zahlreicher sind auch die kritischen Stellen kultureller Überschneidung bei der Kooperation in interkulturellen Arbeitsgruppen und um so handlungswirksamer ist das sich bildende Konfliktpotenzial."[4] Die für eine effektive Zusammenarbeit von multikulturellen Gruppen zu beachtenden Aspekte sollen im Folgenden anhand des in Abbildung 4-4 gezeigten klassischen Teamentwicklungsmodells von Tuckmann[5] diskutiert werden.[6]

In der ersten Phase, dem „**Forming**", werden die Mitglieder eines neuen Teams sich zunächst „beschnuppern". Es geht darum, einander kennen zu lernen, Vertrauen aufzubauen und die Erwartungen der Teammitglieder hinsichtlich ihres Verständnisses von Teamarbeit in Erfahrung zu bringen. In dieser Phase des aneinander Herantastens ist ein kritischer Faktor, „dass Menschen danach trachten, sich selbst, die Menschen, die zu ihnen gehören, und damit die Gruppen, denen sie sich verbunden wissen (Eigengruppe),

---

[1] vgl. Weinert (1998, 411)
[2] vgl. z.B. Adler (1991, 134 f.)
[3] vgl. u.a. Weinert (1998, 411)
[4] Thomas (1995, 499)
[5] vgl. Tuckmann (1965)
[6] vgl. dazu auch Holt (1998, 793 ff.), Mullins (1999, 465) und Schneider/Barsoux (1999, 186 ff.)

möglichst positiv einzuschätzen und gegen Angriffe und Kritik von außen zu verteidigen. (...) Mitglieder interkultureller Arbeitsgruppen werden (...) bestrebt sein, sich eine möglichst angesehene Position innerhalb ihrer Gruppe zu sichern. Dazu bietet sich die nationale Zugehörigkeit als Unterscheidungs- und Abgrenzungskriterium an."[1]

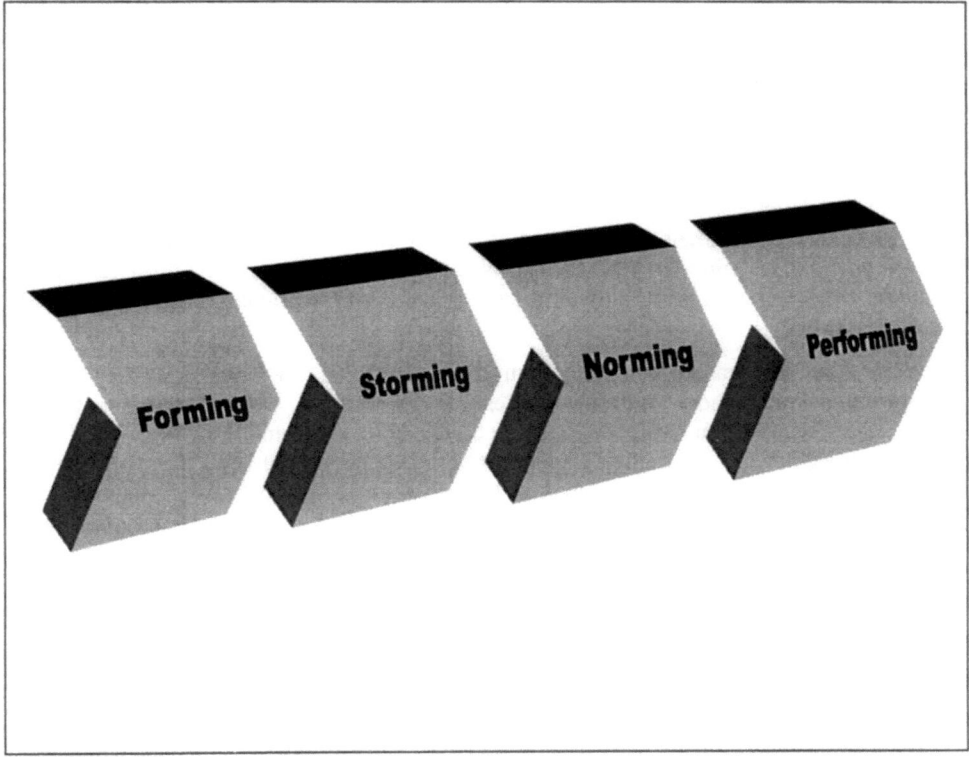

Abbildung 4-4: Phasen der Teamentwicklung. Quelle: Eigene Darstellung nach Tuckmann (1965)

In dieser ersten und schwierigen Phase der Teamentwicklung kann es hilfreich sein, wenn ein Moderator den Teamentwicklungsprozess unterstützt. Seine Aufgabe ist es vor allem, die Mitglieder der interkulturellen Arbeitsgruppe auf die zu erwartenden kulturellen Überschneidungssituationen vorzubereiten und Erklärungsmuster (Kulturdimensionen etc.) sowie Lösungsmöglichkeiten für Konfliktfälle aufzuzeigen.[2] Stereotypen sollten in der Forming-Phase explizit thematisiert werden, damit bei Problemen während der späteren Teamentwicklungsphasen nicht vorschnell in die „Vorurteilsschublade"

---

[1] Thomas (1995, 497 m.w.N. zur Theorie der sozialen Identität)
[2] vgl. die Ausführungen zum interkulturellen Training.

(„Ach ja, die Engländer sind halt so...") gegriffen wird. Interessant ist in diesem Zusammenhang der Ansatz von ABB, die ihre internationalen Arbeitsgruppen durch eine bewusst thematisierte „Vorurteilsmatrix" vor einer allzu einfachen Stereotypisierung im Arbeitsalltag schützen:

„Irgendwann hatte [der schwedische ABB-Chef] genug von den Klagen der deutschen ABB-Mitarbeiter über die angeblichen Dominanzgelüste der Kollegen aus Schweden, irgendwann ging ihm die Nörgelei seiner Landsleute über die scheinbar undisziplinierten Norweger auf den Geist, irgendwann konnte er die Beschwerden der Schweizer über die hierarchisch denkenden Deutschen nicht mehr hören. Irgendwann wollte [er] nur noch wissen, was die ABB-Gruppe nach vorn bringt – und verpflichtete einen Psychoanalytiker. Der Mann fürs Mentale machte sich auf den Weg zu 100 Führungskräften in 14 Ländern und sammelte alles, was er an Vorurteilen im global aufgestellten Vorzeigekonzern vorfand. Anschließend erstellte er eine Matrix aus Selbsteinschätzungen und Sichtweisen über andere: eine Art ABB-Generalkarte für die Untiefen multikulturellen Managements. Inzwischen gehört diese Vorurteilsmatrix zur Grundausstattung von ABB-Führungskräften."[1]

In Phase zwei der Teamentwicklung, dem „**Storming**", sind die Mitglieder der Arbeitsgruppe schon miteinander vertrauter und es geht jetzt darum, sich auf den eigentlichen Zweck der anstehenden Gruppenarbeit zu konzentrieren. Kommunikations- und Entscheidungsregeln sowie Verhaltensregeln für den Konfliktfall müssen vereinbart werden. Sollen diese Aktivitäten einigermaßen reibungsfrei ablaufen, so müssen vor allem die Auswirkungen, die sich aus den Kulturdimensionen Kollektivismus vs. Individualismus, Machtabstandstoleranz, Unsicherheitsvermeidung, high- vs. low-context sowie aus der unterschiedlichen Bedeutung der Zeiteinteilung ergeben, berücksichtigt werden. An dieser Stelle wird sich beweisen, ob die in Phase eins („Forming") erfolgte Sensibilisierung für das Kulturthema erfolgreich verlaufen ist, denn andernfalls besteht die Gefahr, dass Mitglieder einer interkulturellen Arbeitsgruppe „das an den anderen Gruppenmitgliedern beobachtete ‚Fehlverhalten' nicht den fremden Orientierungssystemen zuordnen, sondern den einzelnen Gruppenmitgliedern persönlich anlasten und sie folgerichtig als egoistisch, unsozial usw. beurteilen."[2] Selbstverständlich dürfen kulturell bedingte Unterschiede im Verhalten der Arbeitsgruppenmitglieder aber nicht dazu führen, dass, im Sinne eines resignierenden „Da kann man nichts ändern!" der Teamentwicklungsprozess blockiert wird.

Phase drei des idealtypischen Teamentwicklungsprozesses, das „**Norming**", beginnt, wenn die in Phase zwei identifizierten Schwierigkeiten in einem befriedigenden Maße beseitigt wurden. Das Team entwickelt nun Kohäsion, man spürt einen „Teamgeist" und die einzelnen Mitglieder haben sich in der Regel in ihre Rollen innerhalb des Teams eingefunden. Teamspezifische Normen und Werte entwickeln sich; häufig wird es sogar

---

[1] Managermagazin (1998 a, 88)
[2] Thomas (1995, 502)

einen ganz teamspezifischen Humor geben, der für Außenstehende meistens kaum nachzuvollziehen ist.[1]

Der höchste Reifegrad des Teams wird nach Durchlauf der drei vorherigen Phasen erreicht; jetzt, in Phase 4, können sich die Teammitglieder auf die eigentlichen Ziele ihres Einsatzes und die zu erbringende Leistung („**Performing**") konzentrieren. Die letzte Teamentwicklungsphase, in der es nur noch zu wenig Reibungsverlusten kommt, wird von homogenen Gruppen häufig sehr schnell erreicht, aber „a multicultural group may take months, perhaps even years, to mature into a smoothly functioning Stage 4 team. Many teams never reach the point of self-control and effective performance.[2]

---

[1] vgl. Schneider /Barsoux (1999, 204)
[2] Holt (1998, 794)

5. Beurteilung

> **Lernziele**
>
> Nach Bearbeitung dieses Abschnittes sollten Sie
>
> - die Problematik von Beurteilungen im internationalen Kontext kennen,
> - die Bedeutung von Beurteilungsfehlern kennen,
> - Ansätze zur Verringerung der Beurteilungsproblematik skizzieren können.

> **Fall: Das neue Beurteilungssystem**
>
> Von der Personalabteilung in Bremen wird an Bernstein die Bitte herangetragen, für die Mitarbeiterinnen und Mitarbeiter seines Verantwortungsbereiches das bei D übliche Beurteilungssystem einzuführen. Hierzu erhält Bernstein die deutschen Beurteilungsformulare und wird gebeten, diese ins Englische übersetzen zu lassen.
>
> Darüber hinaus soll auch in Singapur für die erste und zweite Führungsebene das System des „360° Feedback" eingeführt werden. Bernstein überlegt nun, wie er diese Vorgaben umsetzen kann.
>
> Bei D in Bremen ist man anlässlich der Ausdehnung des Beurteilungssystems auf die UGDA ins Grübeln gekommen, ob es eigentlich erforderlich wäre, für Expatriates ein besonderes Beurteilungssystem einzuführen, oder ob hier die normalen Beurteilungskriterien Anwendung finden können.
>
> **Aufgaben zum Fallbeispiel:**
>
> 1. Erörtern Sie die Anwendbarkeit von herkömmlichen Beurteilungssystemen für den Bereich des Expatriatemanagements!
> 2. Diskutieren Sie die Ihnen bekannten Beurteilungsfehler im Hinblick auf Beurteilungen in interkulturellen Führungssituationen!

5.1 Funktion der Beurteilung

In der personalwirtschaftlichen Forschung und Praxis dominiert mittlerweile die Auffassung, dass Verfahren der Leistungsbeurteilung[1] nicht auf einzelne Eigenschaften des zu Beurteilenden abstellen sollten, sondern dass es bei der Beurteilung vielmehr um ein Verfahren geht, bei dem eine ziel- und aufgabenbezogene Beurteilung der erbrachten Leistung erfolgt: „Unter Leistungsbeurteilung wird ein institutionalisierter Prozess zur planmäßigen und formalisierten Gewinnung, Verarbeitung und Auswertung von Informationen über die in einer bestimmten Periode erbrachte Leistung eines Organisationsmitgliedes durch dazu beauftragte Organisationsmitglieder hinsichtlich vereinbarter Leistungskriterien verstanden."[2]

Mitarbeiterbeurteilungen können als Grundlage für diverse personelle Entscheidungen (zum Beispiel Beförderungen, Versetzungen oder auch Entlassungen) dienen, weiterhin können sie zur Ermittlung des individuellen Aus- und Weiterbildungsbedarfs herangezogen werden und schließlich kann der Zweck von Beurteilungen auch darin liegen, Grundlagen für die Entgeltbestimmung zu finden.[3] Es wird immer wieder betont, dass „eine Koppelung von Beurteilungsverfahren und Entgeltfindung äußerst problematisch"[4] ist; allerdings ist die Abspaltung von Entgeltfragen vom allgemeinen Beurteilungsvorgang doch eher akademischer Natur; der Beurteilte wird – auch wenn das Entgeltthema bei der Leistungsbeurteilung explizit ausgeklammert wird – wohl doch stets die Entgeltrelevanz seiner beurteilten Leistung im „Hinterkopf" behalten.

Neben den skizzierten personalpolitischen Funktionen, gibt es auch führungspolitische Funktionen von Beurteilungsverfahren. Hierbei stehen vor allem „die Leistungsstimulierungsfunktion (Anerkennung erbrachter Leistung) und die Koordinationsfunktion (Festlegung von Leistungserwartungen), die unmittelbare Vorgesetzten-/Nachgeordneten-Beziehung bzw. die Mitarbeiterführung"[5] im Vordergrund. Die personalpolitischen und die führungspolitischen Funktionen erfordern aufgrund ihrer unterschiedlichen Zielsetzungen im Regelfall auch unterschiedliche Beurteilungsverfahren.

---

[1] Auf die Potenzialbeurteilung soll hier nicht näher eingegangen werden.
[2] Becker/Fallgatter (1998, 226)
[3] vgl. Stehle (1995, 194 ff.)
[4] Stehle (1995, 195)
[5] Becker/Fallgatter (1998, 227)

5.2 Beurteilung im interkulturellen Kontext

Für den Expatriate, egal ob er die Rolle des Beurteilers oder des Beurteilten hat, kann die Beurteilung ein „kulturelles Minenfeld" darstellen. So differiert die Art und Weise Feedback zu geben, zwischen verschiedenen Kulturen in hohem Maße. Trompenaars liefert in diesem Zusammenhang zur Erläuterung der Kulturdimension „specific vs. diffuse" das erschütternde Beispiel eines holländischen Vorgesetzten, der von seinem chinesischen Mitarbeiter nach einem Beurteilungsgespräch umgebracht wurde. Während der holländische Chef der Meinung war, ein „normales" Beurteilungsgespräch mit sachlicher Kritik zu führen, fühlte der chinesische Mitarbeiter sich zutiefst in seiner Persönlichkeit verletzt.[1] Auch die oben getätigte Aussage, dass Persönlichkeitskriterien bei einer Beurteilung nicht im Vordergrund stehen sollten, beinhaltet im Prinzip schon einen kulturellen Bias. So führen beispielsweise Schneider/Barsoux an, dass „in Asian firms, people are more likely to be judged on their integrity, loyalty, and cooperative spirit, not just on their ability to achieve high sales volume. Thus the very notion of performance appraisal may be at odds with the values of many cultures where 'character appraisal' is considered to be more important. Indeed, the appraisal process itself may be interpreted as a sign of distrust or even an insult."[2]

Im Rahmen des Expatriatemanagements ist auch die Frage „**Wer soll beurteilen?**" nicht unproblematisch. Soll etwa der im Ausland eingesetzte Mitarbeiter ausschließlich durch seine lokalen Vorgesetzten beurteilt werden? Hier wird es unweigerlich zu Problemen kommen, wenn die lokalen Beurteilungssysteme von den Beurteilungssystemen in der Heimat des Expatriates abweichen. Als Beispiel sei der Fall einer Managerin aus Hamburg erwähnt, die während ihres Auslandseinsatzes in Italien von ihrem dortigen Beurteiler aufgefordert wurde, dringend an ihrer Körpersprache (Verstärkter Einsatz der Hände bei der Kommunikation!) zu arbeiten – ein Beurteilungsaspekt, der in der Heimat der Auslandsmanagerin sicherlich keine Rolle spielt.[3] Die alleinige Beurteilung durch einen Beurteiler aus dem jeweiligen Heimatland des Expatriates (zum Beispiel sein Pate) ist aufgrund der räumlichen Entfernung und des meistens nicht hinreichenden Beurteilungszeitraumes auch nicht zu empfehlen, sodass möglicherweise ein Mischsystem (Beurteiler aus dem Einsatz- und aus dem Herkunftsland) gewählt werden sollte.

In jüngerer Zeit hat sich in vielen multinationalen Unternehmen das Prinzip des 360°-Feedbacks durchgesetzt. Bei diesem Verfahren wird das „klassische" Vorgesetztenurteil um die Einschätzungsdimensionen Mitarbeiterurteil, Kollegenurteil, Kundenurteil sowie um die Selbsteinschätzung erweitert.[4] Dieses Verfahren ist auch im nationalen Personalmanagement nicht unumstritten,[5] sein Einsatz im internationalen Bereich erscheint

---
[1] vgl. Trompenaars (1993 b)
[2] Schneider/Barsoux (1999, 141)
[3] Allerdings stellt dieser Vorgang durchaus ein hilfreiches Feedback dar.
[4] vgl. z.B. Laib (1997)
[5] vgl. z.B. Neuberger (1998)

aber besonders kritisch, in erster Linie muss hierbei an den möglichen Einfluss der Kulturdimensionen Individualismus vs. Kollektivismus sowie Universalismus vs. Partikularismus (in Bezug auf die Kollegenbeurteilung), Machtabstand (bezüglich der Beurteilung des Vorgesetzten durch die Mitarbeiter) und Lebensautonomie (bezüglich der Selbsteinschätzung) gedacht werden.

Als Haupttypen von **Beurteilungsverfahren** unterscheidet man die freie Eindrucksschilderung, das Rangordnungsverfahren und das Einstufungsverfahren. „Die meisten in deutschen Unternehmen eingesetzten Beurteilungsverfahren sind Einstufungsverfahren. Sie bestehen in der Regel aus einer vorgegebenen Zahl von Beurteilungskriterien und Skalen, auf denen die jeweilige Ausprägung einzustufen ist."[1] In der Vergangenheit war es nicht unüblich, dass solche in Deutschland eingesetzten Beurteilungssysteme einfach in die Landessprache der ausländischen Tochtergesellschaften oder ins Englische übersetzt wurden.[2] Hierbei kommt es aber unweigerlich zu Übersetzungs- und gegebenenfalls auch zu Verständnisproblemen. Außerdem sind eine Reihe von in Deutschland üblichen Beurteilungskriterien kulturell aufgeladen, genannt seien hier nur einige Kriterien wie „Kommunikationsfähigkeit", „Selbstständigkeit", „Delegationsfähigkeit" oder „Verhandlungsgeschick".

Selbst die Leistungsbeurteilung nach „harten Kriterien", insbesondere eine Beurteilung nach dem Erreichungsgrad vereinbarter Ziele, ist im Rahmen von internationalen Personaleinsätzen mit Schwierigkeiten verbunden: „For senior expatriate managers, part of the evaluation often includes the financial performance of the subsidiary. Although it seems to be objective, many factors outside the manager's control affect this result. Local tax rates, currency rate fluctuations, or local labor laws make it more or less difficult to be profitable in a certain location. For example, an American expatriate working in Chile was able to stop a strike that would have closed down his plant for months. At the same time, due to exchange rate fluctuations, the subsidiary experienced a significant downturn in sales. When evaluating this manager, headquarters mostly ignored his achievement of averting the strike and instead focused on the sales data, giving him a slightly better than average rating. In this situation the home office did not fairly consider all the external factors."[3]

Nun mag man der Auffassung sein, dass die Mitarbeiter, die für ein Unternehmen mit Hauptsitz im Lande X tätig sind, schließlich auch nach den dort üblichen Kriterien beurteilt werden sollen, und dass ein Top-Manager die unternehmerischen Risiken an seinem ausländischen Einsatzort mitzutragen hat. Eine solche ethnozentrische Denkweise scheint aber nicht angebracht zu sein, vielmehr ist zu empfehlen, für das internationale Personalmanagement ein Beurteilungssystem nach dem Prinzip des kleinsten gemeinsamen Nenners unter Mitwirkung von Vertretern aller am Beurteilungsprozess Beteiligten zu schaffen. Denkbar ist auch, ein differenziertes Beurteilungssystem zu entwickeln, wie

---

[1] Stehle (1995, 197)
[2] Analog gilt dies auch für Stammhäuser anderer Nationalität.
[3] Francesco/Gold (1998, 177 unter Verweis auf Oddou/Mendenhall, 1995)

es modellhaft von Harvey vorgeschlagen wurde (vgl. Abbildung 5-1). Harvey berücksichtigt neben in- und externen Faktoren, die Einfluss auf das Leistungsergebnis haben können, vor allem die Charakteristika der Position der am Beurteilungsprozess beteiligten Akteure: „Auf welcher hierarchischen Ebene ist [die Position] angesiedelt, welche Rolle wird von dem Positionsinhaber verlangt, um welchen Typ von Aufgabe handelt es sich, und welche Infrastruktur steht unterstützend zur Verfügung?"[1]

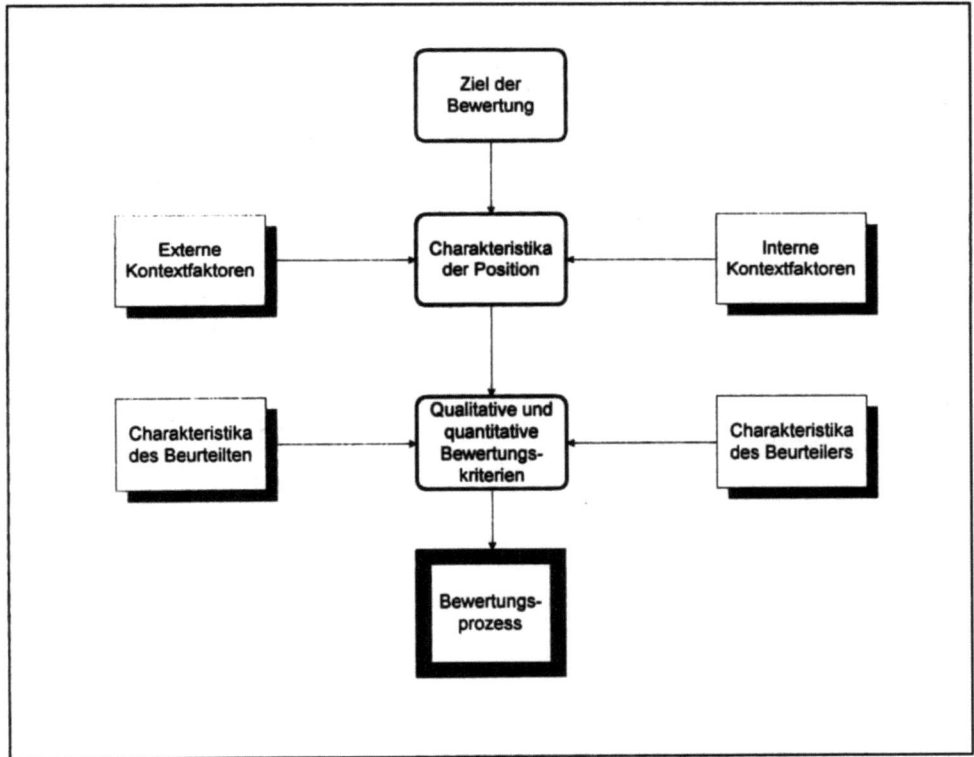

Abbildung 5-1: Modell internationaler Leistungsbeurteilung. Quelle: verkürzte und modifizierte Darstellung aus Weber et al. (1998, 185) nach Harvey (1997, 48)

---

[1] Weber et al. (1998, 186)

5.3 Beurteilungsfehler

Es ist deutlich geworden, dass sich der Beurteilungsprozess im internationalen Personalmanagement als sehr komplex darstellt. Auch im nationalen Bereich sind bereits zahlreiche Störungen im Beurteilungsprozess vorhanden; einige der durch die Forschung identifizierten **Beurteilungsfehler** sind in Tabelle 5-1 zusammengefasst.

	Beurteilungsfehler
■ Haloeffekt	Bei ihm schließt der Beurteiler von einem wesentlichen Merkmal des Beurteilten auf alle oder viele Kriterien.
■ Egozentriefehler	Dabei geht der Beurteiler von sich selbst aus, ohne die unterschiedliche Ausbildung oder Erfahrung des Beurteilten bei der Beurteilung zu berücksichtigen.
■ Belastungsfehler	Hier steigt die Zahl der Fehlbeurteilungen mit der Zahl der Beurteilungen in einem Arbeitsgang. Deswegen sollte immer nur eine kleine Zahl von Beurteilungen in einem Arbeitsgang vorgenommen werden.
■ Ideologiefehler	Dabei werden Mitarbeiter, welche die gleichen politischen und weltanschaulichen Vorstellungen haben wie der Beurteiler, bei der Beurteilung mitunter begünstigt
■ Projektionsfehler	Hier werden eigene Stärken und Schwächen vom Beurteiler auf den Beurteilten projiziert.
■ Übernahmefehler	Es werden früher vorgenommene Beurteilungen übernommen, obwohl zwischenzeitlich positive oder negative Veränderungen eingetreten sind

Tabelle 5-1: Beurteilungsfehler. Quelle: modifiziert aus Olfert/Steinbuch (1998, 296)

Alle angesprochenen Fehlerarten können sich im internationalen Umfeld aufgrund der bereits diskutierten Aspekte in erheblichem Umfang potenzieren. Sehr schnell besteht die Gefahr, dass Stereotypen die „objektive" Beurteilung unmöglich machen, oder dass negative Beurteilungen infolge von Kommunikationsproblemen entstehen. Es ist daher dringend anzuraten, auch die interkulturelle Problematik zum Gegenstand von Beurteilerschulungen zu machen.

6. Anreize

Lernziele

Nach Bearbeitung dieses Abschnittes sollten Sie

- die Anforderungen an ein Vergütungssystem für Expatriates beschreiben können,
- die unterschiedlichen Ansätze zur Expatriatevergütung kennen,
- mögliche Zuschlagsarten bei der Expatriatevergütung kennen,
- eine Nettovergleichsrechnung nachvollziehen können.

Fall: Das Vergütungssystem

Bernstein wurde seinerzeit mit einem sehr großzügigen und pauschalen „Gesamtpaket" nach Singapur geschickt. Der Personalleiterin von D wird nun im Rahmen einer internen Revision vorgeworfen, dass sie mit der seinerzeitigen Entgeltgestaltung „Geld zum Fenster hinaus geworfen" habe. Ferner wird durch die Revisionsabteilung die Befürchtung ausgesprochen, dass bei der vorgenommenen Entgeltgestaltung es sehr schwer werden dürfte, Bernsteins Bezüge bei Beendigung seines Auslandseinsatzes finanziell wieder in das Gehaltsgefüge bei D zu bringen.

Zwar war das damalige Vorgehen mit der Geschäftsführung abgestimmt, dennoch soll die im Revisionsbericht stehende Beanstandung unverzüglich aufgegriffen werden, insbesondere weil die Zahl der Auslandstransfers in Zukunft noch stark zunehmen wird.

Im Rahmen eines Benchmarking mit befreundeten Firmen sowie mittels einer Recherche bei der Deutschen Gesellschaft für Personalführung, versucht die Bremer Personalabteilung nun Anhaltspunkte für die Gestaltung eines effektiven Vergütungssystems für Expatriates zu finden.

Fragen zum Fallbeispiel:

1. Welche Anforderungen stellen Sie an ein Vergütungssystem für Expatriates?
2. Welche Aspekte müssen bei der Ermittlung eines Expatriategehalts besondere Berücksichtigung finden?

6.1 Ziele und Arten von Vergütungssystemen für Expatriates

Die immateriellen Anreize, die von einem Auslandseinsatz ausgehen können, wurden bereits weiter oben diskutiert (vgl. Abschnitt 4.2), sodass an dieser Stelle lediglich die Thematik der materiellen Anreize behandelt wird.

Die Bedeutung eines Vergütungssystems für Expatriates soll hier zunächst unter Zuhilfenahme des Anreiz-Beitrags-Gedankens dargestellt werden. Nach der Anreiz-Beitrags-Theorie[1] gibt es drei Typen von Entscheidungen, die ein Mitarbeiter (oder allgemeiner: ein Organisationsmitglied) zu treffen hat. Es geht um

1. die Entscheidung zur Teilnahme an der Organisation,
2. die Entscheidung, das Erreichen der Organisationsziele durch das Leisten von Beiträgen (Arbeitseinsatz etc.) zu unterstützen und
3. die Entscheidung, ob man aus der Organisation austreten soll.

Solange die Anreize der Organisation im subjektiven Bewertungsprozess des Mitarbeiters bestehen können, wird er zu entsprechenden Beiträgen bereit sein. Wenn dieses traditionelle und allgemein gehaltene Modell auf den Bereich der Vergütung innerhalb des Expatriatemanagements übertragen wird, ergeben sich folgende Forderungen: Ein Vergütungssystem für Expatriates muss so gestaltet sein, dass es, zusammen mit den mit einem Auslandseinsatz verbundenen immateriellen Anreizen, genügend Anreize bietet, um

1. Mitarbeiter für einen Auslandseinsatz gewinnen zu können (Mobilitätsanreiz),
2. Mitarbeiter im Auslandseinsatz zur Aufrechterhaltung beziehungsweise zur Stärkung ihres Arbeitsengagements zu bewegen, und
3. Expatriates davon abzuhalten, ihren Auslandseinsatz abzubrechen und/oder das Unternehmen ganz zu verlassen.

Darüber hinaus sollte ein Vergütungssystem für Expatriates unter Kosten-/Nutzenaspekten gestaltet werden sowie ein hinreichendes Maß an Transparenz und Gerechtigkeit aufweisen.[2]

In der betrieblichen Praxis haben sich vor allem vier Ansätze zur Vergütung von Expatriates herausgebildet. Man unterscheidet im allgemeinen folgende Vergütungstypen:[3]

1. **Host-country based**: Die Vergütung orientiert sich am Gehaltsgefüge des Einsatzlandes. Dieser Ansatz dürfte auf Akzeptanzschwierigkeiten bei den Expatriates führen, sofern die Gehälter im Einsatzland erheblich vom heimatlichen Niveau abwei-

---

[1] vgl. March/Simon (1958)
[2] vgl. Weber et al. (1998, 216 f.)
[3] vgl. u.a. Gould (1999, 40)

Ziele und Arten von Vergütungssystemen für Expatriates

chen. Einen Einblick in das mit dem host-country-Ansatz verbundene Konfliktpotenzial bietet Abbildung 6-1, in der – aufgrund der grundsätzlichen Problematik von Gehaltsvergleichen natürlich nur als sehr grobe Annäherung - gezeigt wird, in welchem Verhältnis die Netto-Gesamtbezüge eines Abteilungsleiters[1] in einigen Städten der Welt zueinander stehen.

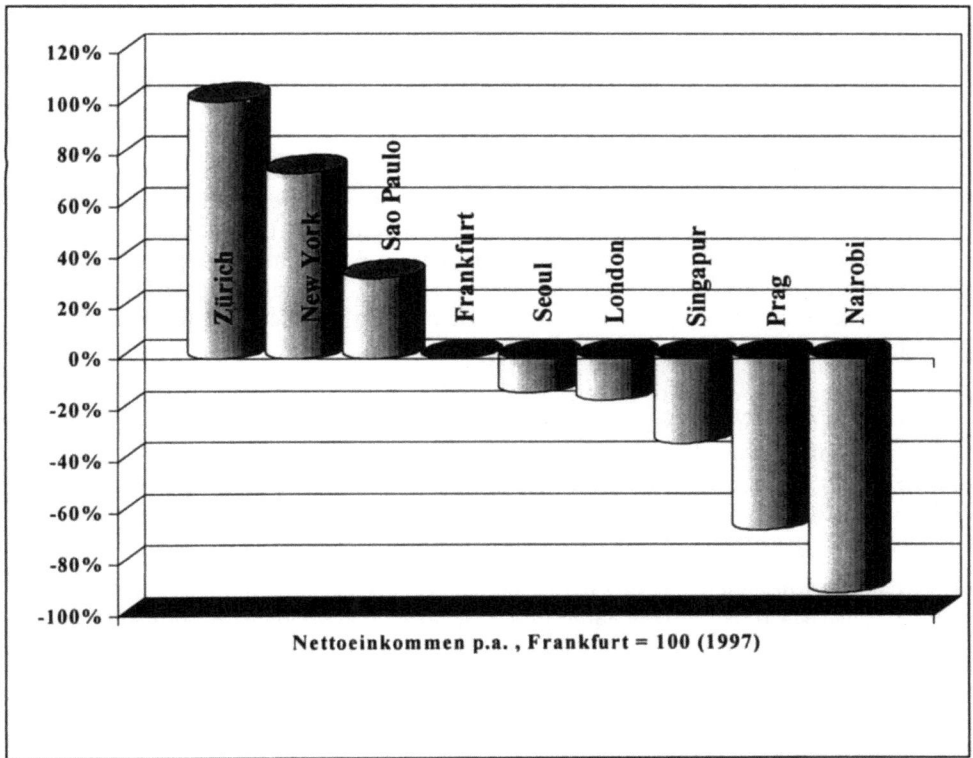

Abbildung 6-1: Gehaltsvergleich für eine Abteilungsleiterposition. Quelle: Eigene Darstellung nach UBS-Daten (UBS 1999)

2. **Home-country based**: Bei der heimatlandorientierten Vergütung wird die Entgeltbestimmung im Heimatland verankert. Das Grundgehalt wird um ein differenziertes System von Extrafaktoren erweitert. Dieser Ansatz ist nach wie vor das am meisten verwendete System und wird daher in Abschnitt 6.2 detailliert erörtert.

---

[1] Technischer Betriebsleiter einer Produktionsabteilung mit über 100 Beschäftigten in einem größeren Unternehmen der metallverarbeitenden Industrie; mit abgeschlossener Berufsausbildung und langjähriger Berufserfahrung; zirka 40 Jahre, verheiratet, zwei Kinder.

3. **Headquarter-country based**: Die Vorgehensweise bei diesem Ansatz entspricht weitestgehend dem home-country-Ansatz, mit dem Unterschied, dass so getan wird, als ob jeder Expatriate Mitarbeiter des Stammhauses wäre (Beispiel: Deutscher Expatriate eines niederländischen Konzerns wird nach Asien versetzt: Bei Anwendung des headquarter-country-Ansatzes wird von einem niederländischen Gehalt ausgegangen.). Eine (seltene) Sonderart dieses Ansatzes liegt darin, statt des tatsächlichen Sitzes des Stammhauses einen fiktiven Firmensitz zu unterstellen.
4. **Better of home or host**: Bei diesem System wird das Entgelt sowohl nach dem home-country- als auch nach dem host-country-Ansatz ermittelt. Der Expatriate erhält dann die für ihn günstigere Vergütung.

Welcher der geschilderten Vergütungsansätze tatsächlich zur Anwendung kommt, hängt von der jeweiligen Ausrichtung des Expatriatemanagements in einem Unternehmen ab.[1] Geht es darum, Expatriates nur für relativ kurze Zeiträume im Ausland einzusetzen, wird sicherlich Verständnis dafür aufzubringen sein, dass der „Vergütungsanker" im Heimatland verbleibt. Bei der heimatlandorientierten Vergütung wird somit die Angemessenheit des Basisgehaltes im Vergleich zu den im Heimatland verbliebenen Kollegen in den Vordergrund gestellt.

Wird hingegen die Vergleichbarkeit der Expatriate-Bezüge mit den Gehältern am ausländischen Einsatzort als wichtig angesehen, so sollte der gastlandorientierte Ansatz (gegebenenfalls mit Änderungen zur Vermeidung von unbilligen Härten) gewählt werden. Erinnert sei in diesem Zusammenhang an die Probleme, die sich durch die unterschiedliche Bezahlung von Ost- und Westdeutschen für die gleiche Arbeit (teilweise im gleichen Büro!) ergaben.

Der stammhausorientierte Ansatz wird dann genutzt werden, wenn die Vergleichbarkeit der Transpatriate-Bezüge als wichtig gilt: „Consider internationally based pay as a system for achieving equal pay among the members of your international cadre, or the career expats who sign on for the long haul. If you choose this as your goal, and you have a group of three or four different nationalities working together in Beijing, your plan ensures they aren't working under several different compensation packages. It also ensures that if two of them accept a new assignment in Tokyo, they won't be paid any more or less than the expats already working there."[2]

Die Auslandsbezüge müssen, unabhängig von dem verwendeten System, aufgrund der gegenüber der „normalen" Inlandsvergütung wesentlich zahlreicheren Einflussvariablen permanent überprüft werden. Die Unternehmen sollten daher gegenüber dem Expatriate auch dokumentieren, dass seine Auslandsvergütung stets den aktuellen Gegebenheiten angepasst werden wird. Somit hat der Expatriate die Sicherheit, dass er keinerlei finanzielle Nachteile, etwa durch Wechselkursschwankungen oder durch inflationäre Einflüsse, erleiden wird. Die öffentliche Hand hat beispielsweise eine entsprechende Zusiche-

---

[1] vgl. Frazee (1998 b)
[2] Frazee (1998 b, 22)

rung für ihre Beamten des auswärtigen Dienstes im § 29 des Gesetzes über den Auswärtigen Dienst verankert. Dort heißt es: „Neben den aus den Lebensbedingungen im Ausland folgenden besonderen materiellen und immateriellen Belastungen in der Lebensführung sowie Kaufkraftnachteilen berücksichtigt [die Auslandsbesoldung der Beamten des Auswärtigen Dienstes] die durch den wiederkehrenden Auslandseinsatz bedingten Mehraufwendungen, bei verheirateten Beamten die entsprechende Belastung der Ehepartner und deren Mitwirkung am Gesamtauftrag des Auswärtigen Dienstes. Die auf eine Auslandstätigkeit bezogenen Leistungen sind regelmäßig auf ihre Angemessenheit zu überprüfen und, soweit erforderlich, anzupassen."

6.2 Die Nettovergleichsrechnung

Die heimatlandbasierte Nettovergleichsrechnung („Home-based **balance sheet** approach") ist ein seit mehreren Jahrzehnten praktiziertes sehr einfaches und immer noch sehr verbreitetes Verfahren zur Ermittlung angemessener Auslandsbezüge.[1]

Die Kerngröße einer typischen Nettovergleichsrechnung ist das Einkommen, das bei Verbleib im Inland zur Verfügung gestanden hätte (**verfügbares Einkommen**). Es wird ermittelt, indem von dem Bruttojahreseinkommen die Steuern, die Sozialversicherungsbeiträge und die Wohnkosten abgezogen werden, die bei Verbleib im Inland angefallen wären. Bei der Ermittlung der Abzugsbeträge verwenden die Unternehmen entweder Pauschbeträge oder gehen (Sinnvollerweise!) auf die ganz konkrete Situation des Mitarbeiters ein.

Der Anteil des verfügbaren Einkommens, der normalerweise für Konsumzwecke benutzt wird (der unternehmensspezifisch definierte Prozentsatz hierfür liegt meist zwischen 65 und 85 %) wird dann, sofern erforderlich, um einen Kaufkraftausgleichsfaktor korrigiert. Einige Unternehmen führen diese Korrektur nur durch, wenn die Lebenshaltungspreise im Einsatzland im Vergleich zum Heimatland höher liegen, andere Unternehmen verlangen aber bei entsprechender Datenlage – im Sinne einer (arbeitsrechtlich nicht unproblematischen) Systemtreue und trotz der damit regelmäßig einhergehenden Frustration beim Expatriate – auch einen Kaufkraftabschlag. Das verfügbare Einkommen kann dann noch, je nach Unternehmen und in Abhängigkeit von der jeweiligen Situation im Einsatzland, um andere **Zulagen** erhöht (zum Beispiel Mobilitätszulage, Erschwerniszulage, Gefahrenzulage u.ä.) werden.

Das so ermittelte Nettoentgelt stellt für den Expatriate eine Größe dar, auf die er sich „verlassen" kann; es muss aber unter Berücksichtigung der gastlandspezifischen Anforderungen an eine korrekte Entgeltgestaltung (Steuern, Sozialversicherung etc.) durch sachkundige Experten (lokale Personalmanager oder Berater) im Einsatzland auf ein

---

[1] vgl. u.a. Laws (1998, 73)

Bruttogehalt in der Währung des Einsatzlandes „hochgerechnet" werden. Dabei sind auch etwaige geldwerte Vorteile (Wohnungsgestellung, Auto etc.) einzubeziehen. Hinsichtlich des Ortes der Gehaltszahlung bieten eine Reihe von Unternehmen ihren Expatriates – mit dem Hinweis auf die Verpflichtung zur korrekten Versteuerung - an, einen Teil der Bezüge auch außerhalb des Einsatzlandes auszuzahlen.

Vor allem zur Beitragsermittlung der betrieblichen Versorgung und der Unfallversicherung sowie als Bezugsgröße für Pensionsrückstellungen führen die meisten Unternehmen während des Auslandseinsatzes ein jährlich anzupassendes „Schattengehalt".[1]

6.2.1 Der Entgeltwert der Auslandsstelle

Ausgangspunkt der Nettovergleichsrechnung ist, wie oben erwähnt, das Bruttojahreseinkommen. Teilweise wird hier einfach vom aktuellen Entgelt vor der Versetzung ins Ausland ausgegangen; es ist aber angebrachter, die Bezüge direkt im Hinblick auf die im Ausland zu besetzende Position zu ermitteln. Die Ausgangsfrage dabei lautet also: „Wie viel Gehalt gäbe es für eine vergleichbare Position im Inland?"

Zur Ermittlung des Stellenwertes einer Stelle werden auf der Basis einer Stellenbeschreibung im Rahmen der analytischen Arbeitsbewertung regelmäßig Stellenwertermittlungssysteme herangezogen. Auch wenn kommerzielle Anbieter von solchen Systemen mitunter den Anschein erwecken (wollen?), dass ihre Systeme originäre Entwicklungen sind, lassen sie sich doch im wesentlichen auf die Grundstrukturen des „Genfer Schemas" zurückführen. (vgl. Abbildung 6-2).

Je Kriteriengruppe werden im Detail festgelegte Kriterien analysiert und (im Regelfall durch eine Bewertungskommission) in einen „Punktwert" übersetzt. Die Summe aller Punkte bildet dann den Stellenwert einer Stelle, der wiederum in monetäre Größen übertragen werden kann. Damit hinreichend Spielraum für individuelle Entgeltfaktoren (Leistung, evtl. Seniorität etc.) bleibt, fassen die Unternehmen bestimmte Bandbreiten von Punktwerten zu Entgeltklassen zusammen. Innerhalb dieser Entgeltklassen werden wiederum Gehaltsbandbreiten festgelegt, in denen dann das tatsächliche Gehalt liegt. Zur Verdeutlichung seien noch einmal die einzelnen Schritte zur Ermittlung des für die Nettovergleichsrechnung erforderlichen Ausgangsgehaltes zusammengefasst:

1. Stellenbeschreibung,
2. Analyse der Stelle je Anforderungskriterium,
3. Ermittlung der Punkte je Kriterium,
4. Ermittlung des Gesamtpunktwertes,
5. Prüfen, welche Entgeltklasse dem ermittelten Gesamtpunktwert entspricht,
6. Gehaltsfestlegung innerhalb der jeweiligen Bandbreite der relevanten Entgeltklasse.

---

[1] vgl. Wirth (1996, 387)

Die Nettovergleichsrechnung

Der weltweite Marktführer für Stellenbewertungssysteme ist die Beratungsgesellschaft Hay Group. In einer Eigendarstellung beschreiben sie die Vorteile einer weltweit verbreiteten einheitlichen Bewertungsmethode wie folgt:

„Hay evaluation is the most popular system of job measurement in the world. It means you can:

- compare widely differing roles,
- measure the role, not the person,
- spot and iron out any internal pay inconsistencies for similar jobs,
- compare on job content, not on job title (...),
- make job comparisons with your competitors with different industry sectors – and across international borders (...)."[1]

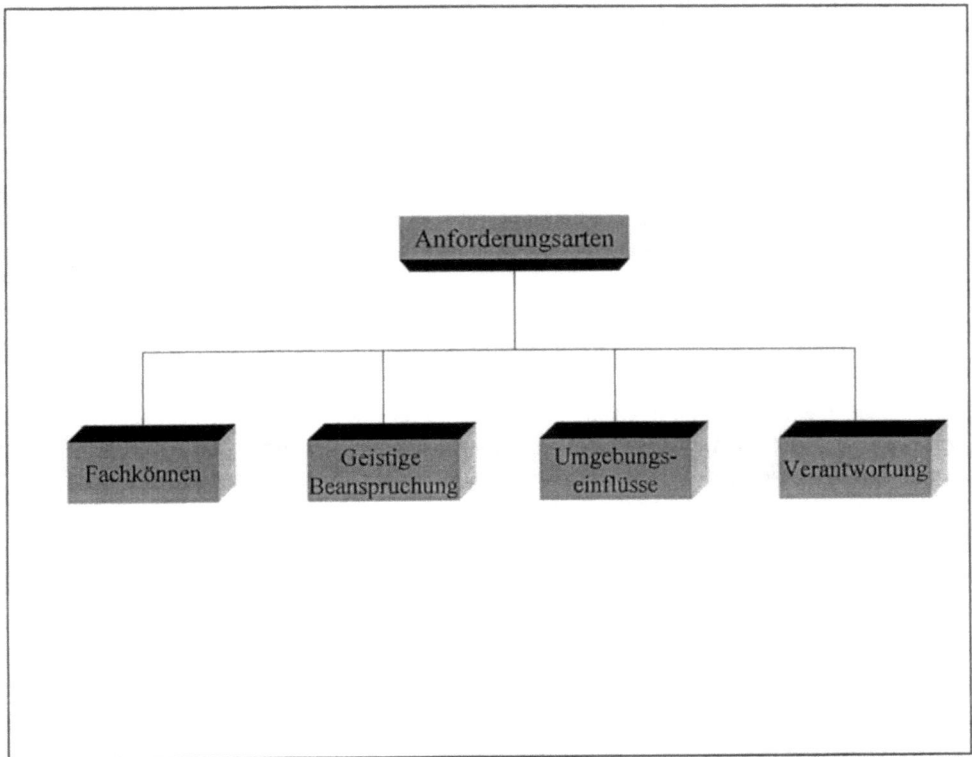

Abbildung 6-2: Anforderungsarten (Genfer Schema). Quelle: Eigene Darstellung (vgl. z.B. Scholz (1994, 549)

---

[1] Hay (1999)

6.2.2 Der Kaufkraftausgleich

Ziel des Kaufkraftausgleichs ist es, die Mehr- und gegebenenfalls auch die Minderkosten für die Lebenshaltung am Einsatzort im Vergleich zum Heimatland zu berücksichtigen. Die Daten für den Kaufkraftausgleichsfaktor können entweder aus staatlichen Quellen (zum Beispiel die monatliche Reihe 10 der Fachserie 17 des statistischen Bundesamtes: Internationaler Vergleich der Preise für die Lebenshaltung) oder von diversen kommerziellen Anbietern kommen. Die einzelnen Indices unterscheiden sich in der Zusammenstellung des Warenkorbes sowie in der Art und dem Zeitpunkt der Erhebung. Es ist üblich, dass Unternehmen sich auf einen Index konzentrieren, um somit der andernfalls mit großer Wahrscheinlichkeit aufkommenden Diskussion um den für einen Auslandseinsatz „richtigen" Index zu entgehen. Auch wenn ein solches Vorgehen natürlich im Innenverhältnis für eine Gleichbehandlung der Expatriates sorgt, ist es doch nicht auszuschließen, dass am „Expatriatestammtisch" am ausländischen Einsatzort offenbar wird, dass es den „einzig wahren" Lebenshaltungskostenausgleich nicht gibt.

Durch Wechselkurseinflüsse und durch die Inflationsentwicklung im Einsatzland wird der Kaufkraftausgleich „zum empfindlichsten und aufwendigsten Instrument der Expatriate-Vergütung."[1] Zur Veranschaulichung zeigt Tabelle 6-1 ein Beispiel für die Zusammenhänge zwischen Wechselkurs und Inflationsrate für den Einsatz eines britischen Expatriates in Brasilien. Es wird deutlich, dass durch die Indexanpassung die vor Ort zur Verfügung stehende Kaufkraft erhalten bleibt; der Expatriate darf jedoch nicht den „Fehler" begehen, seine lokalen Bezüge wieder in seine Heimatwährung zurückzurechnen.

In jüngerer Zeit sind vermehrt Indices entwickelt worden, die berücksichtigen, dass ein Expatriate und seine Familie sich vor Ort nach und nach günstigere Einkaufsquellen erschließen können (die Suche nach dem örtlichen Discountmarkt) und auch ihr Konsummuster nach der Phase des Einlebens ändern (statt des Vollkornbrotes aus dem Spezialitätengeschäft wird jetzt selbst Brot gebacken u.ä.). Der anfängliche Kaufkraftausgleich mit der Orientierung an einem eher „touristischen" Kaufverhalten wird daher nach Ablauf von zum Beispiel sechs Monaten heruntergefahren ("Efficient Purchaser Index").[2]

---

[1] Wirth (1996, 383)
[2] vgl. Gould (1999, 42)

Die Nettovergleichsrechnung 97

		Lokale Kaufkraftentwicklung		
		September 1998	März 1999	Veränderung
(1)	Wechselkurs £ 1 = x reals	1,948	3,209	-39,30%
(2)	Preisanstieg in Brasilien			9,50%
(3)	Preisanstieg in Großbritannien			0 %
(4)	ECA-Index * (Großbritannien = 100)	121,4	80,7	-33,53%
(5)	Konsumrelevantes Einkommen in £ (Basis Großbritannien)	20 000	20 000	0
(6)	Konsumrelevantes Einkommen in reals	1,214*1,984*20 000= 47 297	0,807*3,209*20 000= 51 793	9,51%
(7)	Gegenwert von (6) in £ in Brasilien	24 280	16 140	-33,53%
		* ECA: Employment Conditions Abroad Ltd.		

Tabelle 6-1: Lokale Kaufkraftentwicklung. Quelle: Eigene Darstellung auf der Basis von ECA (1999)

6.2.3 Die Mobilitätszulage

Ob und in welcher Höhe eine Zulage gezahlt werden sollte, die ausschließlich die internationale Versetzungsbereitschaft des Mitarbeiters honoriert, ist mittlerweile umstritten. Bei den bislang diskutierten Gründen für den Auslandseinsatz aus Sicht des Mitarbeiters ist deutlich geworden, dass es hinreichend nicht-monetäre Faktoren gibt, die als Anreize für einen Auslandseinsatz dienen können. Insofern ist die Aussage von Gould nachzuvollziehen, die feststellt: „The old mindset of focusing on what we need to pay someone to get them to go will be replaced with what long-term value the assignment will provide to the individual and the company."[1]

Um einen finanziellen Gewöhnungseffekt und die daraus resultierenden potenziellen Anpassungsschwierigkeiten bei der Rückkehr aus dem Ausland zu vermeiden, zahlen einige Unternehmen statt einer monatlichen Mobilitätszulage zu Beginn und/oder bei Beendigung eine Mobilitätsprämie. Bei Versetzungen innerhalb der europäischen Union gibt es in immer weniger Unternehmen Mobilitätszulagen beziehungsweise Mobilitätsprämien für ihre Auslandsmitarbeiter.[2] Dies leuchtet ein, denn warum soll etwa ein Hamburger Manager, der nach London versetzt wird, einen Mobilitätsanreiz erhalten, während der Kollege, der ins nachbarliche Bremen versetzt wird, leer ausgehe.[3]

In Abschnitt 2 wurde die besondere Situation der „Double Career Couples" als entscheidender „Immobilitätsfaktor" identifiziert. Gibt ein Partner dann doch zugunsten des Auslandseinsatzes des anderen Partners seine Berufstätigkeit (zumindest vorübergehend) auf, so scheint es verständlich, dass Forderungen nach einem finanziellen Ausgleich aufkommen. Noch vor wenigen Jahren wurden derartige Forderungen eher brüsk abgelehnt („Sie sind unser Expatriate, nicht Ihr Partner"), mittlerweile ist aber vereinzelt schon ein wenig Entgegenkommen seitens der Unternehmen erkennbar, wenngleich wohl ein kompletter Ausgleich des wegfallenden Einkommens kaum realistisch ist. Entweder wird ein Zuschlag für die Partner und Kinder im Zulagensystem des Expatriatevergütungssystems mit berücksichtigt, oder es erfolgen explizite Ausgleichszahlungen, von denen beispielsweise auf dem „Global HR Forum" berichtet wurde:

"A former HR director at [company x] talked about a three-phrase program she implemented that helped assuage the spouse's loss of income.

- During the pre-assignment period, [company x] pays the spouse 33 percent of his or her salary for the previous six months.
- While the employee is on assignment, the company pays $ 5 000 a year directly to each spouse for educational development, thereby helping spouses to maintain their professional skills.
- When the assignment is completed, [company x] gives the spouse $ 7 000 to help find a job, get career counseling etc.

An international HR director said [company y] pays the remuneration directly to the spouse so that it doesn't get hidden in the expatriate's paycheck. It is also conspicuous recognition by the company that the spouse is making a sacrifice."[4]

---

[1] Gould (1999, 46)
[2] vgl. Joha (1997, 1211)
[3] Vgl. auch das Beispiel bei Mittorp (1997, 457)
[4] Fox (1999)

6.2.4 Die Erschwerniszulage

Je nach Einsatzort kann der Expatriate durchaus mit lokalen Lebensumständen konfrontiert sein, die für ihn, im Vergleich zu seinem „normalen" Lebensumfeld, eine Erschwernis darstellen. Als sogenannte „hardships" sind

- soziale sprach- und kulturbedingte Isolation,
- persönliche Sicherheitsrisiken,
- andersartige Ernährung,
- Mängel in der medizinischen Versorgung und Hygiene,
- ungewohnte Klimabedingungen oder Umweltbelastungen
- unzureichende Infrastruktur etc.

zu nennen.[1] Wohl wissend, dass man die genannten Erschwernisse, und im Falle von Sicherheits- und/oder Gesundheitsgefährdungen daraus möglicherweise auch längerfristig entstehenden Beeinträchtigungen, dem Expatriate nicht „abkaufen" kann, gewähren doch die meisten Unternehmen einen finanziellen Ausgleich für die Erschwernisse. Bei extrem unbeliebten Destinationen kann sogar die Ausgestaltung der „Hardship-Prämie" entscheidend für die Mitarbeitergewinnung sein. Hart formuliert, lautet die Frage: „How big the bribe? What does it take to get people on site?"[2] Die Mobilitätszulage und die Erschwerniszulage werden bisweilen zu einer Auslandszulage zusammengefasst. „Die Spannweite der Auslandszulagen reicht [im Beispiel der Henkel KGaA] von 10% in europäischen Ländern, über 30% in Osteuropa und Lateinamerika, bis zu 50% im Iran, Kolumbien und Saudi Arabien."[3]

Zur Ermittlung der Erschwerniszulage werden in der Praxis entweder unternehmensintern nach Erschwernissen zusammengefasste Ländergruppen erstellt oder es werden, ähnlich wie beim Kaufkraftausgleich, auch für die Bewertung von Erschwernissen externe staatliche oder private Anbieter herangezogen. Tabelle 6-2 zeigt als Beispiel einige zufällig ausgewählte Daten aus der sehr umfangreichen Klassifizierung der „hardships" des US Department of State. Die dort aufgeführten Zuschlagssätze können teilweise noch um eine „danger pay allowance" erhöht werden.

---

[1] vgl. Speer (1998, 184)
[2] Expatriate Management Update (1999)
[3] Debrus (1995, 133)

Hardship Differentials	
Country and City	**Differential Rate Percent**
Albania: Tirana	20
Burkina: Ouagadougou	20
Cap Verde: Praia	20
Estonia: Tallinn	10
Ghana: Accra	25
Russia: Vladivostok	25

Tabelle 6-2: Hardship Differentials. Quelle: Ausschnitt aus U.S. Department of State (1999)

Bei der Frage, welche Kalkulationsgrundlage man für die Erschwerniszulagen heranzieht, sollten folgende Aspekte beachtet werden:

- Die den Daten zugrundeliegende Erhebungsmethode sollte transparent und nachvollziehbar sein,
- es sollte bekannt sein, von welcher Personengruppe die Daten erhoben werden (sind ggf. Eigeninteressen im Spiel?),
- bei einer multinationalen Mitarbeiterschaft sollte bedacht werden, dass Erschwernisse sich immer auf die Differenz zu den (ggf. unterschiedlichen) Verhältnissen in den jeweiligen Heimatländern beziehen.[1]

Ein möglicher Indikator zur Klassifizierung der Erschwernissituation kann auch der von den Vereinten Nationen regelmäßig erhobene Index für menschliche Entwicklung („Human Development Index" - HDI) sein. Der HDI „wird seit 1990 jedes Jahr berechnet, um die durchschnittlichen Leistungen in grundlegenden Bereichen der menschlichen Entwicklung in einem einfachen zusammengesetzten Index zu erfassen und eine Rangliste von Ländern aufzustellen."[2]

Die in den HDI eingehenden Einzelvariablen sind die Lebenserwartung, der Bildungsstand und das bereinigte Pro-Kopf-Einkommen.[3] Auch wenn der Expatriate diese Faktoren nicht unmittelbar „erlebt", so spiegeln sie doch die am ausländischen Einsatzort vorhandene allgemeine Lebensqualität in hinreichendem Maße wider. „Der HDI-Wert, der auf den standardisierten Werten der ihn zusammensetzenden Variablen beruht, bewegt sich auf einer Skala zwischen 0 und 1. (...) Der HDI-Wert eines Landes zeigt, wel-

---

[1] vgl. Expatriate Management Update (1999)
[2] DGVN (1999, 159)
[3] Eine Einführung in die HDI-Systematik findet sich bei Kockläuner (1997)

chen Weg dieses bis zur Erreichung des möglichen Höchstwertes von 1 bereits zurückgelegt hat."[1] Tabelle 6-3 präsentiert einen pragmatischen Vorschlag zur Ableitung von Erschwerniszulagen aus den HDI-Werten.

Erschwerniszulagen nach dem HDI-Wert (HDI-Wert für Deutschland: 0,906)		
HDI-Wert	Möglicher Erschwerniszuschlag	Länderbeispiele (1997)
0,9 < 1,0	0 %	■ Kanada (0,932) ■ Norwegen (0,927) ■ Finnland (0,913)
0,8 < 0,9	5%	■ Singapur (0,888) ■ Israel (0,883) ■ Slowenien (0,845)
0,7 < 0,8	10%	■ Panama (0,791) ■ Mexiko (0,786) ■ Litauen (0,761)
0,6 < 0,7	20%	■ Indonesien (0,681) ■ El Salvador (0,674) ■ Ägypten (0,616)
0,5 < 0,6	30%	■ Indien (0,545) ■ Ghana (0,544) ■ Pakistan (0,508)
< 0,5	40%	■ Angola (0,398) ■ Eritrea (0,346) ■ Burkina Faso (0,304)

Tabelle 6-3: Erschwerniszulagen nach dem Human Development Index. Quelle: Eigene Darstellung (Zu den HDI-Werten vgl. DGVN (1999, 168 ff.))

6.2.5 Beispiel zur Nettovergleichsrechnung

Die bislang durchgeführten Erörterungen der einzelnen Komponenten einer Nettovergleichsrechnung sollen abschließend in einem Rechenbeispiel zusammengeführt werden. Dabei werden als Basis für die Zuschlagskalkulation ausschließlich die kostengünstig zu erhaltenen Daten (Stand: September 1999) des statistischen Bundesamtes (Kaufkraftaus-

---

[1] DGVN (1999, 160)

gleich) und der Vereinten Nationen (HDI-Index als Grundlage für die oben vorgeschlagene Differenzierung der Erschwerniszulagen) genutzt.

Für die Berechnung sollen die fiktiven Daten des Managers aus der Fallstudie angenommen werden.

	Euro	SGD	
Bruttojahresgehalt:	100.000		(a)
- Steuerabzüge:	-30.095		(b)
- Sozialversicherung:	-9.525		(c)
+ Kindergeld:	3.497		(d)
- Wohnkosten:	-15.000		(e)
Verfügbares Einkommen (Heimatland):	48.877		(f)
+ Kaufkraftausgleich:	2.247		(h)
+ Mobilitätszulage:	20.000		(i)
+ Erschwerniszulage:	5.000		(j)
Nettoeinkommen Gastland	**76.124**	**137.666**	(k)

Zur Erläuterung: Das nach der durchgeführten Stellenbewertung (vgl. Abschnitt 6.2.1) festgesetzte Jahreseinkommen sei Euro100 000 (Zeile a). Unter Berücksichtigung eines Steuerfreibetrages werden hiervon die Steuern (Lohn- und Kirchensteuer) sowie der Solidaritätszuschlag abgezogen (Zeile b). Des Weiteren werden die anfallenden Arbeitnehmerbeiträge zur Sozialversicherung (Krankenversicherung, Pflegeversicherung, Rentenversicherung und Arbeitslosenversicherung) abgezogen (Zeile c). Da das verfügbare Einkommen des Beispielskandidaten um das Kindergeld erhöht wird, wird dies in Zeile d berücksichtigt. Als Wohnkosten (Zeile e) werden pauschal 15 Prozent des Bruttojahreseinkommen angenommen und vom Bruttojahreseinkommen abgezogen. Zeile f zeigt dann als Zwischenergebnis das im Heimatland (theoretisch) verfügbare Einkommen.

Der Kaufkraftausgleich bezieht sich in dem Beispiel auf 85 Prozent des verfügbaren Einkommens, das heißt, es wird von einer fünfzehnprozentigen Sparquote ausgegangen. Zur Berechnung des Kaufkraftausgleichs mit den Daten des statistischen Bundesamtes wird der Devisenkurs (hier: 10 Singapur Dollar = 10,815 DM) durch die Verbrauchergeldparität zwischen Singapur und Deutschland (hier: 10,26) geteilt. „Die Verbrauchergeldparität gibt an, wie viele inländische Geldeinheiten erforderlich sind, um die gleichen Gütermengen bestimmter Qualität im Inland zu erwerben, die man im Ausland für eine ausländische Geldeinheit erhält. (...) Aus der Verbrauchergeldparität allein lässt sich aber noch nicht erkennen, ob ein Land teurer oder billiger ist als ein anderes. Das kann durch den Vergleich der Verbrauchergeldparität mit dem Devisenkurs festgestellt werden. (...) Grundlage für die Berechnung der Verbrauchergeldparität sind im Inland wie im Ausland erhobene Preise für identische oder gut vergleichbare Güter sowie ein Wägungsschema, mit dem die Einzelpreisrelationen zu einer (gewogenen) durchschnittlichen Parität zusammengefasst werden. (...) [Der angewandte] ‚deutsche Warenkorb' repräsentiert in bezug auf die einbezogenen Güter und ihre Gewichtung die Verbrauchsausgaben (ohne Miete) aller privaten Haushalte in der Bundesrepublik Deutschland."[1]

Als Mobilitätszulage (Zeile i) sei ein Satz von 20 Prozent auf das Bruttojahreseinkommen unterstellt; die Erschwerniszulage (Zeile j) beträgt gemäß Tabelle 6-3 fünf Prozent des Bruttojahreseinkommens. Das in Euro ausgedrückte **Netto**einkommen in Singapur (Addition der ermittelten Zuschläge zu dem verfügbaren Einkommen in Deutschland) wird mit dem beim Kaufkraftausgleich verwendeten Devisenkurs in Singapur-Dollar umgerechnet (Zeile k).

---

[1] StBA (1999, 4)

7. Personalentwicklung (PE)

Lernziele

Nach Bearbeitung dieses Abschnittes sollten Sie

- die Ziele der Personalentwicklung aus Unternehmenssicht kennen,
- die Ziele der Personalentwicklung aus Mitarbeitersicht kennen,
- die Systematik von Personalentwicklungsmaßnahmen kennen,
- Ansätze zur Personalentwicklung von Expatriates kennen.

Fall: Mehrung des Humankapitals

Bei D in Bremen hat man seit kurzem einen Förderkreis für junge Hoffnungsträger des Unternehmens eingerichtet. Ziel ist es, die Führungsnachwuchskräfte von D für einen Zeitraum von mehreren Jahren strukturiert an Führungsaufgaben heranzuführen und Lücken in ihrem Managementkompetenzprofil sukzessive zu schließen. Jeder Führungsnachwuchskraft wird ein Pate aus der obersten Managementebene zur Seite gestellt, der als Förderer und Beurteiler seinen jeweiligen „Jungmanager" beruflich begleiten soll.

An Bernstein wird von der Personalleitung von D die Frage herangetragen, ob es aus seiner Sicht sinnvoll wäre, die bei UGDA beschäftigten „High Potentials" mit in diesen Förderkreis aufzunehmen. Voraussetzung für die Aufnahme in den Kreis ist die erfolgreiche Teilnahme an einem Assessment-Center, in dem das Entwicklungspotenzial der Kandidaten ergründet werden soll. Bernstein fragt beim nächsten Expatriatestammtisch, was die Vertreter der anderen am Stammtisch vertretenden Unternehmen von dieser Idee halten. Sehr schnell wechselt die Diskussion jedoch zur Frage „Was wird eigentlich in Sachen Personalentwicklung für uns Expatriates getan?"

Fragen zum Fallbeispiel:

1. Müssen Personalentwicklungsprogramme für eine internationale Mitarbeiterschaft anders beschaffen sein als nationale Programme?
2. Müssen Expatriates bei der Personalentwicklung besonders berücksichtigt werden?

7.1 Ziele der PE[1]

7.1.1 Ziele des Unternehmens

Personalentwicklung umfasst im allgemeinen eine Reihe von „Maßnahmen, die auf die Entwicklung und Verbesserung der Leistungsfähigkeit und -bereitschaft der Mitarbeiter abzielen."[2]

Personalentwicklung wird vielfach im Sinne eines „rationalen Lücken-Managements" betrieben. Personalentwicklung kann dann „als systematischer und rationaler Problemlösungsprozess [verstanden werden], der die Diskrepanz zwischen Ist- und Sollsituation überbrückt."[3] Ausgehend von einer konkreten Bedarfssituation steht dabei im Rahmen definierter Strukturen die Entwicklung der Mitarbeiter in ihrer Rolle als „Faktor Arbeit" im Mittelpunkt des Interesses.[4] Weicht beispielsweise der Ist-Bestand an bestimmten Fachkräften vom Soll-Bestand ab, so kann Personalentwicklung als Substitut zur Personalbeschaffung dienen. Ein Soll-Ist-Ausgleich soll auch durch Personalentwicklungsmaßnahmen, die dem Bereich der Anpassungsqualifizierung zuzuordnen sind, erfolgen. Bedingt durch schnelle Innovationsprozesse und kürzere Produktlebenszyklen sowie durch komplexere Organisationsstrukturen muss die Qualifikation der Mitarbeiter regelmäßig an die neuen Anforderungen angepasst werden.[5] Im Vordergrund steht hierbei die Vermittlung von fachlichem Know-how; erforderlich ist aber auch die Förderung der Methoden- und der Sozialkompetenz.

Während es somit bei der (im betrieblichen Alltag dominierenden) Personalentwicklungsarbeit deterministischer Ausprägung vor allem um „Defizitminderung" geht, ist es das vorrangige Ziel einer Personalentwicklung katalytischer Prägung, Impulse zu vermitteln und die Lernfähigkeit der Mitarbeiter zu fördern. Ein konkreter Bildungs- bzw. Entwicklungsbedarf ist dabei nicht endgültig definiert.[6] Es sind somit Entwicklungskonzepte angesprochen, „die Chancen zur Qualifizierung für alle Mitarbeiter beinhalten und Lernen zum selbstverständlichen Teil der Arbeitstätigkeit erheben"[7] und die letztlich zu einer „ganzheitlich lernenden Organisation" führen, in der auch das Lehren als Bestandteil der Führungsaufgabe in den Arbeitsprozess integriert ist.[8] Im Rahmen einer derarti-

---

[1] Die Ausführungen dieses Abschnittes basieren im wesentlichen auf Pawlik (1995)
[2] Gabler-online (1999)
[3] Neuberger (1991, 40)
[4] vgl. Bronner/Schröder (1992, 856)
[5] vgl. Thom/Blunck (1992, 39) m.w.N.
[6] vgl. Bronner/Schröder (1992, 855 f.).
[7] Küpper/Hanft (1992, 196)
[8] vgl. Sattelberger (1992, 291)

gen proaktiven und zukunftsbezogenen Personalentwicklungsarbeit können überdies verstärkt interpersonale, d.h. nicht auf das Individuum, sondern auf das „Aggregat Personal" abstellende Aspekte Berücksichtigung finden.[1]

Die Durchführung von Personalentwicklungsmaßnahmen können Unternehmen darüber hinaus zur Erhöhung der Identifikation ihrer Mitarbeiter mit dem Unternehmen sowie als Anreizinstrument für potenzielle Bewerber einsetzen.

7.1.2 Ziele der Mitarbeiter

Die Frage nach den Zielen, die Mitarbeiter mit der Teilnahme an Personalentwicklungsmaßnahmen zu erreichen versuchen, soll hier mit Hilfe des Konzepts der Mikropolitik erörtert werden. Bosetzky bestimmt Mikropolitik als „die Bemühungen, die systemeigenen materiellen und menschlichen Ressourcen zur Erreichung persönlicher Ziele, insbesondere des Aufstiegs im System selbst und in anderen Systemen, zu verwenden sowie zur Sicherung und Verbesserung der eigenen Existenzbedingungen."[2]

Die Kernelemente des in dieser Definition enthaltenen Zielspektrums dienen in Tabelle 7-1 zur Kategorisierung eines bei Mentzel entnommenen exemplarischen Katalogs von Zielen der Personalentwicklung aus der Sicht des Mitarbeiters.[3] Diese Zuordnung erfolgt nur in unmittelbarer Weise, d.h. zwischen den Zielgruppen bestehende etwaige Interdependenzen bleiben hier unberücksichtigt.

In einem weiteren Schritt kann die Zuordnung zu den Interessenklassen auf zwei Grundelemente reduziert werden. Die Kategorie „Sicherung der eigenen Existenzbedingungen" lässt sich als zur Vermeidung von Nachteilen[4] notwendiges Mitarbeiterinteresse auffassen. Die aus der Verfolgung dieser Interessenklasse resultierende Teilnahme an Personalentwicklungsmaßnahmen kann als Muss-Komponente der individuellen Personalentwicklung bezeichnet werden. In Abgrenzung dazu soll von der Kann-Komponente der individuellen Personalentwicklung gesprochen werden, wenn der Mitarbeiter mit seiner Teilnahme an Personalentwicklungsmaßnahmen Ziele der Kategorie des Aufstiegsinteresses (intern und extern) und/oder der Kategorie „Verbesserung der eigenen Existenzbedingungen" anstrebt.

Die Muss-Komponente findet ihre Wurzeln im wesentlichen bei den gleichen Ursachen, wie sie im vorherigen Abschnitt aus Unternehmenssicht zum Thema Personalentwicklung als Anpassungsentwicklung erörtert wurden: Im Gegensatz zu früher garantiert eine grundlegende berufliche Erstausbildung dem Mitarbeiter heute nicht mehr,

---

[1] vgl. Neuberger (1991, 27)
[2] Bosetzky (1972, 382), zitiert nach Ortmann (1992, 18)
[3] vgl. Mentzel (1994, 27)
[4] vgl. Weber (1987, 131)

dass er seine Aufgaben im Beschäftigungssystem auf Dauer erfüllen kann („Halbwertzeit des relevanten Wissens").[1]

Mitarbeiter sind daher allein schon aus einer Sicherheitsorientierung heraus dem Zwang ausgesetzt, an entsprechenden Personalentwicklungsmaßnahmen teilzunehmen, um nicht in eine Situation „personaler Obsoleszenz" zu kommen. Als beispielsweise in den achtziger Jahren in den Büros der westlichen Welt sehr schnell der Personalcomputer mit den betrieblichen Software-Standardanwendungen Einzug hielt, befürchteten Expatriates, die längerfristig an Standorten eingesetzt waren, in denen die Arbeit mit dem PC noch nicht üblich war, durchaus, in eine „Fähigkeitslücke" zu geraten. Eine vergleichbare Situation kann sich heutzutage durch den unterschiedlichen Verbreitungsgrad des Internets ergeben.[2]

„Ganz allgemein liegt Obsoleszenz dann vor, wenn zu einem gegebenen Zeitpunkt das vorhandene Wissens-/Kenntnis- und Fähigkeitsprofil eines Mitarbeiters (Ist-Zustand) nicht mehr mit einem normativ vorgegebenen Soll-Wissens-/Kenntnis- und Fähigkeitsprofil für den Mitarbeiter übereinstimmt."[3]

Die oben erwähnte Sicherheitsorientierung findet sich auch als eines von fünf Elementen in dem auf Schein zurückgehenden und durch Berthel weiter ausgelegten Konzept der „Karriereanker" wieder.[4]

---

[1] vgl. Mahnkopf (1990, 78) und Buck (1985, 94)
[2] Zur unterschiedlichen weltweiten „Internetdurchdringung" vgl. DGVN (1995, 74 ff.)
[3] Domsch (1990, 5)
[4] vgl. Berthel (1989, 237 ff.) mit Verweis auf Schein (1972) und Berthel/Koch (1985) sowie den Überblickartikel von Weitbrecht (1992).

PE-Ziele der Mitarbeiter				
	Interessenklassen			
Ziele der Personalentwicklung aus der Sicht des Mitarbeiters	Aufstieg im System	Aufstieg in anderen Systemen	Sicherung der eigenen Existenzbedingungen	Verbesserung der eigenen Existenzbedingungen
Anpassung der persönlichen Qualifikation an die Ansprüche des Arbeitsplatzes			X	
Grundlage für beruflichen Aufstieg	X	X		
Erhöhung der individuellen Mobilität am Arbeitsmarkt		X		
Sicherung der erreichten Stellung in Beruf und Gesellschaft			X	
Minderung der Risiken, die sich aus dem wirtschaftlichen oder technischen Wandel ergeben können			X	
Sicherung eines ausreichenden Arbeitseinkommens			X	
Größere Chance der Selbstverwirklichung am Arbeitsplatz durch Übernahme anspruchsvollerer Aufgaben				X
Erschließung und Vervollkommnung bisher ungenutzter persönlicher Fähigkeiten				X
Übernahme größerer Verantwortung				X

Tabelle 7-1: Zuordnung von individuellen Personalentwicklungszielen zu mikropolitisch interpretierten Interessenklassen. Quelle: Pawlik (1995, 20)

Ein sicherheitsorientierter Mitarbeiter sucht nicht nach Aufstiegsgelegenheiten, sondern ist vorrangig bestrebt, seine erreichte Position zu sichern. Die mit der Kann-Komponente der individuellen Personalentwicklung umschlossenen Interessen der Mitarbeiter lassen sich ebenfalls zur Typologie der Karriereanker in Beziehung setzen:

Aufwärtsorientierte Mitarbeiter verfolgen durch die Teilnahme an Personalentwicklungsmaßnahmen in erster Linie die in Tabelle 7-1 in den Interessenkategorien „Aufstieg im System" und „Aufstieg in anderen Systemen" gebündelten Einzelziele. Die Interessenkategorie „Verbesserung der eigenen Existenzbedingungen" spiegelt sich je nach Schwerpunkt in den Karriereankern „Kreativitätsorientierung", „Autonomieorientierung" sowie der „Orientierung an der Nutzung der Fähigkeiten" wider.

Die bisherigen Ausführungen haben gezeigt, dass die Teilnahme von Mitarbeitern an Personalentwicklungsmaßnahmen in jedem Fall mit der Verfolgung ihrer eigenen Interessen verknüpft ist; vor diesem Hintergrund wird der Personalentwicklung in der Literatur häufig ein „Doppelzielcharakter"[1] zugeschrieben. Zum Ausdruck kommt dies regelmäßig in Definitionen des Begriffs Personalentwicklung, bei denen die Erfüllung individueller Mitarbeiterziele betont wird.[2] Die Berücksichtigung individueller Mitarbeiterziele steht aber bei der Durchführung von Personalentwicklungsmaßnahmen in keinem Fall im Vordergrund; stets werden die Gründe der erwerbswirtschaftlich orientierten Unternehmung für die Personalentwicklungsarbeit dominant bleiben, sodass die „harmonistische Rede davon, dass die berufliche Bildung aus Prinzip zwei Herren diene, dem Unternehmen und dem einzelnen Mitarbeiter,"[3] nicht die betriebliche Realität widerspiegelt.

Die Durchführung von Personalentwicklungsmaßnahmen, die dem Bereich der Muss-Komponente zuzuordnen sind, kann, auch vor dem Hintergrund der aktuellen Employability-Diskussion, mit einer „modernisierten Fürsorgepflicht" des Arbeitgebers begründet werden: „§§ 617 und 618 BGB sind - Kinder ihrer Zeit - an Erhaltung und Wiederherstellung der körperlichen Gesundheit, an Sittlichkeit und Religion interessiert. Projiziert man die Intentionen der damaligen Gesetzgeber auf unsere Zeit, so ergäben sich geistige Gesundheit, geistige Leistungsfähigkeit, fachliche Wettbewerbsfähigkeit des Arbeitnehmers über das Physische hinaus als Gegenstände der Fürsorgepflicht des Arbeitgebers."[4] Dennoch darf ein Mitarbeiter sich nicht „entspannt zurücklehnen" und darauf warten, dass der Arbeitgeber ihn entwickelt; letztendlich bleibt er, und dies gilt in besonderem Maße gerade auch für Expatriates, für seine berufliche Entwicklung im Sinne der „Career Ownership"[5] selbst verantwortlich.

---

[1] Schanz (1989, 5)

[2] vgl. z.B. Drumm (1992, 292) und die Zusammenstellung diverser Definitionen bei Neuberger (1991, 4 f.)

[3] Hartmann/Meyer (1980, 196)

[4] Kemmet/Zander (1989, 7)

[5] vgl. Weinert (1998, 18 m.w.N.)

7.2 PE-Maßnahmen

Die große Vielzahl von möglichen Personalentwicklungsmaßnahmen wird in der Literatur meistens aus einer prozessorientierten Perspektive betrachtet, bei der im Mittelpunkt eine konkrete berufliche Tätigkeit („Job") steht. Abbildung 7-1 zeigt eine entsprechende Systematik von Personalentwicklungsmaßnahmen.

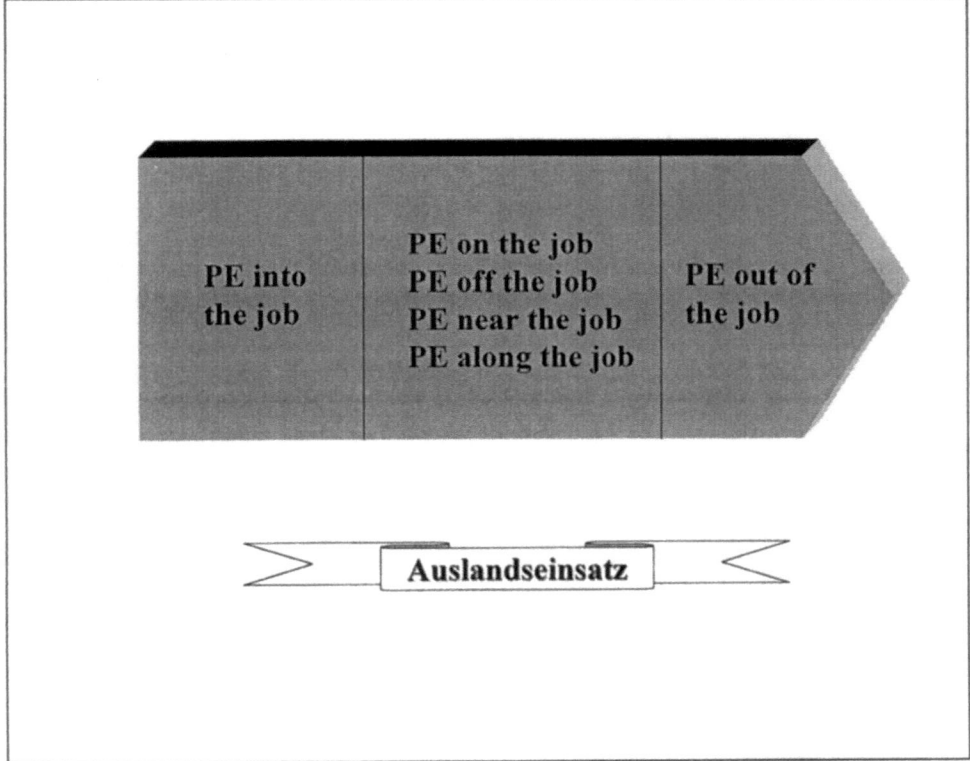

Abbildung 7-1: Systematik von Personalentwicklungsmaßnahmen. Quelle: Eigene Darstellung in Anlehnung an Conradi (1983) und Domsch/Ladwig (1996, 314)

In Bezug auf das Expatriate-Management können sowohl die bereits diskutierten Maßnahmen, die auf den Auslandseinsatz vorbereiten (Informations- und kulturorientiertes Training), als auch die unmittelbare Einarbeitung am ausländischen Einsatzort dem Bereich der „PE into the job" zugerechnet werden.

Maßnahmen der Kategorie „PE out of the job" werden im achten Kapitel diskutiert, sodass an dieser Stelle nur die Personalentwicklungsmaßnahmen, die während des tatsächlichen Auslandseinsatzes von Bedeutung sind, erörtert werden.

Sämtliche Personalentwicklungsmaßnahmen müssen sowohl prozessbegleitend als auch prozessabschließend hinsichtlich ihrer Effizienz und ihrer Effektivität überprüft werden.[1]

7.3 PE-Maßnahmen während des Auslandseinsatzes

Für jüngere Expatriates, und dies gilt vor allem für Führungsnachwuchskräfte, wird gewiss schon der Auslandseinsatz an sich ein Element der **„on the job"** Personalentwicklung darstellen. Die Ausübung der Tätigkeit vor Ort wird vielfach unmittelbar eine Qualifikationserweiterung mit sich bringen. Zusätzlich können die auch in der nationalen Personalentwicklung üblichen Instrumente zur Anwendung kommen. Unter anderem kommen, selbstverständlich in Abhängigkeit von der spezifischen Entwicklungsnotwendigkeit und nach Einschätzung des Entwicklungspotenzials folgende on the job Maßnahmen in Frage:[2]

- Anleitung und Beratung durch den Vorgesetzten: Durch die Auswahl geeigneter Tätigkeiten wird ein gezielter und auf ein definiertes Lernziel abstellender Lernprozess gesteuert. Ein lokaler Coach steht dabei dem Expatriate unterstützend zur Seite.
- Übertragung begrenzter Verantwortung: Der Expatriate wird beispielsweise als Stellvertreter einer lokalen Führungskraft oder als Geschäftsführungsassistent eingesetzt.
- Übertragung von Sonderaufgaben: Zusätzlich zu der normalen Arbeitsaufgabe wird der Expatriate in Projektgruppen eingesetzt und muss sich dort mit der Lösung von Problemstellungen, die außerhalb der Routinetätigkeit liegen, auseinandersetzen.
- Job Rotation: Zur Erweiterung seiner fachlichen und sozialen Kompetenz wird der Expatriate während seines Auslandseinsatzes nicht nur auf einem, sondern auf mehreren Arbeitsplätzen eingesetzt.

Auch für die erfahrene Führungskraft kann der Auslandseinsatz Elemente von Personalentwicklung „on the foreign assignment job" enthalten. Zu denken ist hierbei insbesondere an die Horizonterweiterung für den Fall, dass der Expatriate die Rolle des Mentors für die lokalen Nachwuchskräfte wahrnimmt. Sofern die zu betreuenden Mitarbeiter über „State-of-the-art-Fachwissen" verfügen, kann der Mentor dies nutzen, um selbst den Anschluss an das neueste Fachwissen zu halten. Die Energie, der Enthusiasmus und die Motivation von jüngeren Mitarbeitern können den „reiferen" Expatriate ebenfalls

---

[1] vgl. Domsch/Ladwig (1996, 315 f.)
[2] vgl. hierzu Olfert/Steinbuch (1998, 444 ff. m.w.N.)

positiv beeinflussen, ferner gilt dies für die Offenheit von Jüngeren sowie deren Bedürfnisse nach Innovation.[1]

Zum Bereich der Personalentwicklung **off the job** zählen üblicherweise die Personalentwicklungsmaßnahmen, die der traditionellen Weiterbildung zuzuordnen sind und deren jeweilige Notwendigkeit sich aus einer Qualifikationsbedarfsanalyse ergibt. Horsch hat in seiner Unternehmensbefragung zu diesem PE-Segment folgende Ergebnisse ermittelt: „Personalentwicklungsmaßnahmen erfolgen für Entsandte vor allem im Stammhaus (80 % der befragten Unternehmen), die aufgrund der teilweise hohen Anreisekosten oftmals mit dem Heimaturlaub koordiniert werden. Knapp die Hälfte der Unternehmen bieten (zusätzlich) Seminare vor Ort an (45 %). Bei 10 % der Unternehmen erfolgt während des Auslandseinsatzes überhaupt keine Personalentwicklung durch das Stammhaus. Insgesamt gesehen, dürfen die genannten Ergebnisse jedoch nicht darüber hinwegtäuschen, dass die meisten Entsandten nach Angaben der befragten Unternehmen nur selten Seminaren im Stammhaus beiwohnen. Dabei reicht die Spannbreite von ‚Es findet während des Auslandseinsatzes keine Personalentwicklung statt' bis zu Unternehmen, wo Entsandte immerhin einmal im Jahr an Seminaren im Stammhaus teilnehmen. Außerdem hängt die Beteiligung an Personalentwicklungsmaßnahmen in einigen Unternehmen auch von der geographischen Distanz zum Stammhaus und von der eingenommenen Hierarchie der Tätigkeit ab: Je höher die Hierarchie und je näher die geographische Distanz zum Stammhaus ist, desto eher finden Personalentwicklungsmaßnahmen im Stammhaus statt."[2]

In der Regel wird der Expatriate an off the job Maßnahmen teilnehmen, die in Regie der lokalen Einheit, in der er tätig ist, durchgeführt werden. Dies können beispielsweise in- oder extern durchgeführte Seminare zu unterschiedlichen Themenstellungen sein, für die es vor Ort einen konkreten Bedarf gibt. Ist das ausländische Unternehmen Bestandteil einer Unternehmensgruppe, die die internationale Personalentwicklung ihrer Gesellschaften gezielt steuert, können neben den lokalen Personalentwicklungsmaßnahmen auch regionale sowie konzernweite Trainingsprogramme existieren. Solche Maßnahmen haben normalerweise einen gemeinsamen thematischen Kern, werden aber im Detail an die regionalen beziehungsweise nationalen Gegebenheiten angepasst.[3]

In vielen Fällen werden auch solche off the job Maßnahmen sinnvoll sein, die speziell auf die Belange des Expatriates abzielen. Hierzu zählt einerseits eine auf dem kulturellen Vorbereitungstraining aufbauende Vertiefung des interkulturellen Lernens. So können etwa die im täglichen Arbeits- und Privatleben erlebten kulturellen Überschneidungssituationen mit Hilfe eines interkulturell geschulten Trainers und gegebenenfalls zusammen mit anderen Expatriates sowie eventuell Angehörigen der Gastkultur analysiert und lernwirksam aufbereitet werden. Andererseits sollte auch an die Aufrechterhaltung und die Auffrischung beziehungsweise den Neuerwerb spezieller Fachkenntnisse gedacht

---

[1] vgl. Wirth (1992, 103 m.w.N.)
[2] Horsch (1995, 227 f.)
[3] vgl. Lange (1995, 203)

werden, die für eine gelungene Wiedereingliederung nach Beendigung des Auslandseinsatzes von essenzieller Bedeutung sind. Für derartige off the job Maßnahmen bietet sich der Einsatz von in- und/oder extern entwickeltem Fernstudienmaterial (als Computer based Training, als Video, via Internet oder „in Papierform") an.

Als Maßnahmen der Kategorie **near the job** sind solche Aktivitäten aufzufassen, die in engem Zusammenhang mit dem eigentlichen Arbeitsplatz stehen, als ein Beispiel sei hier die Teilnahme an Qualitätszirkeln und ähnlichen Einrichtungen oder aber die Mitgliedschaft in Erfahrungsaustauschgruppen genannt. Zur Personalentwicklung **along the job** können „karrierefördernde" Maßnahmen zählen, zum Beispiel die regelmäßige Durchführung von Potenzialbeurteilungen, die Aufnahme in Förderkreise und die auf den Expatriate direkt abgestimmte Planung von weiteren sinnvollen Laufbahnschritten.[1]

---

[1] vgl. u.a. Eckhardt (1997, 1134)

8. Beendigung des Auslandseinsatzes

Lernziele

Nach Bearbeitung dieses Abschnittes sollten Sie

- die Gründe für die Beendigung eines Auslandseinsatzes kennen,
- die Problemfelder bei der Wiedereingliederung kennen,
- Lösungsansätze zur Bewältigung der Wiedereingliederungsproblematik aufzeigen können.

Fall: Es geht nach Hause

Die Zeit in Singapur neigt sich für Familie Bernstein langsam dem Ende zu; in zwei Monaten geht es zurück in die Heimat. Die Bernsteins sehen der Rückkehr mit etwas gemischten Gefühlen entgegen. Schließlich hatte man in den letzten Jahren schon so manche Freundschaft geschlossen und insbesondere die Kinder haben das internationale Flair der Stadt sehr zu schätzen gelernt.

Einerseits freuen sie sich schon sehr, bald wieder bei ihren Freunden und Verwandten in Deutschland sein zu können, andererseits mischt sich schon jetzt Abschiedsschmerz in die Vorfreude. Einen etwas bitteren Beigeschmack in der Rückkehrvorfreude hatte sich auch dadurch ergeben, dass für lange Zeit nicht feststand, wie es beruflich weitergeht.

Erst seit wenigen Wochen besteht endgültig Klarheit über die Anschlussverwendung von Bernd Bernstein. Er soll, nachdem die Reederei D mittlerweile das kanadische Unternehmen C übernommen hat, zum „Vice-President Human Resources International" avancieren.

Beim traditionellen bremischen „Kohl- und Pinkelessen" der in Singapur ansässigen deutschen Expatriates bekommen die Bernsteins mehrfach zu hören, dass der Vorteil bei der Rückkehr immerhin sei, dass man ja nach Hause kommt und insofern keinerlei Anpassungsprobleme zu erwarten sind.

> **Fragen zum Fallbeispiel:**
> 1. Stimmen Sie der Aussage zu, dass die bei der Ausreise ins Ausland erlebten Anpassungsschwierigkeiten bei der Heimreise nicht zu erwarten sind?
> 2. Wie lässt sich die von Bernstein erlebte Unsicherheit hinsichtlich der beruflichen Position bei der Rückkehr aus dem Ausland vermeiden?

8.1 Beendigungsgründe

Der Großteil der Auslandseinsätze endet mit Ablauf der vorgesehenen Einsatzdauer, wobei der Beendigungstermin gegebenenfalls um eine bereits im ursprünglichen Versetzungsvertrag vereinbarte Verlängerungsoption hinausgeschoben wurde. In einer immer schnelllebigeren Unternehmensumwelt kann es allerdings auch vermehrt vorkommen, dass ein Expatriate von seinem Unternehmen vorzeitig aus dem Ausland zurückgerufen wird, zum Beispiel, weil der ursprünglich intendierte Einsatzzweck nicht mehr gegeben ist (Auflösung eines Joint Ventures o.ä.). Weitere Rückkehrgründe, auf die der Expatriate selbst keinen Einfluss hat, sind Entwicklungen im Einsatzland, die einen weiteren Einsatz als nicht ratsam erscheinen lassen, zu denken ist hierbei vor allem an politische und/oder wirtschaftliche Krisen und an Naturkatastrophen.

Mitunter kommt es auch zum Abbruch der Auslandstätigkeit aus Gründen, die in der unmittelbaren Sphäre des Expatriates selbst liegen. Mögliche Ursachen sind hierfür:

- Mangelnde Anpassungsfähigkeit des Managers,
- mangelnde Anpassungsfähigkeit des Ehepartners,
- andere Familienprobleme,
- persönliche und emotionale Reife des Managers,
- mangelnde Fähigkeit, mit der größeren Verantwortung im Ausland umzugehen,
- Schwierigkeiten mit der neuen Umgebung,
- Fehlen technischer Fähigkeiten.[1]

Der Abbruchgrund „mangelnde Anpassungsfähigkeit des Ehepartners" ist jedoch stets kritisch zu hinterfragen, möglicherweise ist es nur ein „vorgeschobener" Grund oder aber der Partner hat „die schlechte Leistung des im Ausland tätigen Mitarbeiters erkannt und den vorzeitigen Abbruch ausgelöst, um so den Schaden, den die Karriere des Expatriates nehmen könnte, in Grenzen zu halten."[2]

---

[1] Vgl. Weber et al. (1998, 130 f.) unter Verweis auf Tung (1982)
[2] Weber (1998, 131) unter Verweis auf Dowling/Welch (1988)

8.2 Problemfelder bei der Rückkehr

Das Thema der Wiedereingliederung von Expatriates wurde in der Vergangenheit weitestgehend bagatellisiert; die Grundaussage lautete in vielen Fällen „Wieso kann es Probleme geben, wenn man nach Hause kommt?" In verschiedenen Untersuchungen wurde aber deutlich, dass ehemalige Expatriates vergleichsweise häufig ihre Unternehmen verlassen. Frazee berichtet beispielsweise von amerikanischen Umfrageergebnissen, denen zufolge „repatriated managers in U.S. firms leave their companies at twice the rate of domestic managers without international experience. Another study (...) shows that 20 percent of repat managers leave their companies within one year after returning from overseas assignments - and as high as 50 percent leave within the first three years.[1]

Die folgenden Aussagen von ehemaligen Expatriates spiegeln einen ersten Eindruck von der Vielschichtigkeit von möglichen Problemen bei der Rückkehr aus dem Ausland wider:

- Wenn sie einmal im Ausland ein ganzes Orchester dirigiert haben, können sie sich zu Hause nur schwer mit einer Position abfinden, bei der sie nur die zweite Geige spielen.[2]
- Wir haben hier keine Freunde mehr.
- Unsere Interessen haben sich geändert.
- Es ist schwierig, wieder Kontakt zu den alten Bekannten zu bekommen.
- Eine besondere Schwierigkeit ist der Wohnortwechsel.
- Wir haben fremde Lebensweisen schätzen gelernt und treffen hier auf eine störende Überheblichkeit gegenüber allem Fremden.
- Wir haben gelernt, uns anzupassen und Vorurteile abzulegen.
- Wir haben erfahren, dass andere Kulturen eigene Lösungen für ihre Schwierigkeiten haben, denen wir nicht mit unseren Vorstellungen allein entgegentreten können.
- Es fallen uns bei der Rückkehr viele negative Dinge hier auf.
- Auch in Deutschland gibt es Probleme mit den Behörden.
- Der Arbeitsbereich hier ist viel zu eingeschränkt.
- Die Enge in diesem Land fällt auf.
- Hier wird weniger gearbeitet als im Ausland.
- Wir sind alle im Ausland nicht dümmer geworden.
- Hier müssen wir uns wieder geradezu anbiedern.[3]
- Das bleibt von meinem Bruttogehalt über?

Ein ehemaliger Auslandstätiger berichtete allerdings, dass er es nicht nachvollziehen könne, dass Rückkehrer sich darüber beklagen, dass sich in der Heimat so viel verändert

---

[1] Frazee (1997, 24)
[2] Bei Black/Gregersen (1999, 110) zitierte Aussage einer ehemaligen Auslandsführungskraft
[3] Bei Hirsch (1996, 288) zitierte Aussagen von Auslandsrückkehrern

hat. Er fand es eher irritierend, dass er bei der Rückkehr feststellen musste, dass sich während seiner Auslandsjahre in seinem „alten" Umfeld kaum etwas geändert hatte.

Regelmäßig wird davon berichtet, dass die aus dem Ausland zurückkehrenden Mitarbeiter einen Contra-Kulturschock erleben.[1] Hirsch fasst die charakteristischen Erlebens- und Verhaltensweisen von „Repatriates" in einem Prozessmodell der Reintegration zusammen, das in Abbildung 8-1 wiedergegeben ist.

Phase A: Naive Integration	Phase B: Reintegrationsschock	Phase C: Echte Integration
Merkmale:	Merkmale:	Merkmale:
Freundliches, oberflächliches Verstehen. Bereitwilligkeit und Offenheit für neue Erfahrungen. Allgemeiner Optimismus; Euphorie des „wieder zu Hause Seins"	Erste Euphorie bröckelt ab. Man fühlt sich von den Kollegen nicht verstanden. Der Freundeskreis ist nicht mehr vorhanden. Alles hat sich verändert. Rückzug in die Resignation, Überheblichkeit, Ärger Unzufriedenheit. Man fühlt sich nicht zu Hause.	Aufbau realistischer Erwartungen. Anpassung ohne Selbstaufgabe. Erweiterung des Verhaltensspektrums und Wiedererkennen alter Verhaltensmuster.
Bis 6 Monate nach Rückkehr	Zwischen 6 und 12 Monate nach Rückkehr	Ab 12 Monate nach Rückkehr

Abbildung 8-1: Prozessmodell der Reintegration. Quelle: Hirsch (1996, 291)

Die Befragung von Expatriates in der jüngeren Studie von Tung ergab im Hinblick auf die anlässlich der Repatriierung im Vordergrund stehenden Sorgen auf einer Skala von 1 („strongly disagree") bis 5 („strongly agree") folgende Ergebnisse:[2]

- Career advancement   4,03
- Reduced responsibility and autonomy on the job   3,83

---

[1] vgl. z.B. Horsch (1996, 992)
[2] Tung (1999, 9)

- Other family considerations 3,51
- Reduced perks, including size of compensation package 3,42
- Spouse / partner's career 3,03

Zur Typisierung der bei der Rückkehr aus dem Ausland zu erwartenden „Überraschungen" greifen Kühlmann/Stahl auf das Überraschungsverarbeitungsmodell von Louis zurück und kommen zu den in Tabelle 8-1 dargestellten Varianten der Erwartungsenttäuschung bei Auslandsrückkehrern.

Die Schlüsselgröße für den Erfolgsgrad einer Reintegration liegt offensichtlich in der Erfüllung der Erwartungen des Expatriates, die er im Zusammenhang mit seiner Rückkehr gebildet hat.[1] Dies wird auch in einer Studie von Hammer/Hart/Rogan deutlich, die zu dem Ergebnis kamen, „that the reentry variable of expectations was significantly related to reentry satisfaction for managers and significantly related to reentry satisfaction and reentry difficulties for spouses."[2] Die Hypothese, dass der erfolgreiche Wiedereingliederungsprozess von den Spezifika des Auslandseinsatzes (Länge des Einsatzes, Integrationsgrad im Einsatzland), dem Alter des Expatriates und den früheren internationalen Erfahrungen des Expatriates abhängt, konnte in derselben Studie hingegen nicht bestätigt werden.

	Erwartungsenttäuschung	
	Übertroffene Erwartung	**Unerfüllte Erwartung**
Eigene Person	„Ich wusste, dass nicht gleich nach der Rückkehr eine geeignete Position verfügbar sein würde. Was ich nicht richtig eingeschätzt habe, war, wie sehr die Wartezeit an meinen Nerven zerren würde."	„Man hat mir versprochen, dass ein Auslandsaufenthalt meiner Karriere dienlich sei. Nun stelle ich fest, dass Kollegen, die zu Hause geblieben sind, mich längst in der Karriere überholt haben."
Arbeit/ organisationales Umfeld	„Ich wurde vorgewarnt, dass mich meine Kollegen in Deutschland um die Zeit im Ausland beneiden würden. Wie groß die Ablehnung nach der Rückkehr war, hätte ich aber doch nicht vermutet."	„Ich habe gehofft, dass man mir Führungsverantwortung für eine Abteilung überträgt. Nun leite ich lediglich eine kleine Arbeitsgruppe."

Tabelle 8-1: Varianten der Erwartungsenttäuschung bei Auslandsrückkehrern. Quelle: Kühlmann/Stahl (1995, 184)

---

[1] vgl. auch Jackson (1996)
[2] Hammer/Wiliam/Rogan (1998, 80)

8.3 Lösungsansätze zur Bewältigung der Rückkehrprobleme

Abbildung 8-2 fasst die wichtigsten Ansätze zusammen, die dem zurückkehrenden Expatriate bei der Wiedereingliederung helfen können.

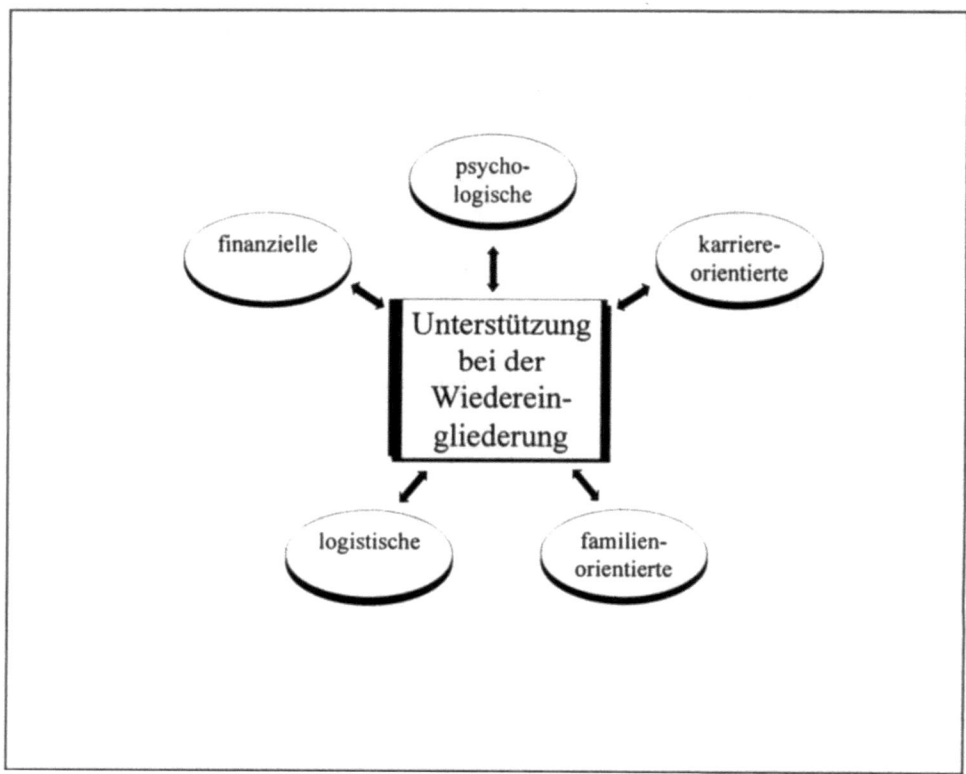

Abbildung 8-2: Unterstützung bei der Wiedereingliederung. Quelle: Eigene Darstellung nach Holt (1998, 586)

Zu den Unterstützungsmaßnahmen **finanzieller** Art zählen im wesentlichen die Übernahme der Umzugs- und Umzugsnebenkosten. Sofern die vor der Ausreise vorhandene Wohnung nicht mehr zur Verfügung steht, kann auch für die befristete Zeit der Wohnungssuche eine Hotelunterbringung finanziert werden. Weitere direkte finanzielle Leistungen sind von den besonderen Bedingungen des Einzelfalls abhängig, häufig wird es zum Beispiel sinnvoll sein, dem Auslandsrückkehrer die Inanspruchnahme eines Steuerberaters zu bezahlen.

Die **logistische** Unterstützung kann vor allem die Hilfe bei der Abwicklung der Haushaltsauflösung, des Umzuges inklusive der Zollabwicklung und der Rückreise betreffen; wie bereits an anderer Stelle erwähnt, werden hierfür vermehrt Relocation Services in Anspruch genommen.

Zur **familienorientierten** Unterstützung zählt beispielsweise die Hilfe bei der Wiedereingliederung in das heimatliche Schulsystem (Nachhilfe u.ä.). Ferner kann das Unternehmen den Partner des Expatriates auf den Wiedereintritt in den lokalen Arbeitsmarkt vorbereiten, etwa durch die Unterstützung bei Bewerbungen oder durch Hilfe bei der „Auffrischung" von berufsrelevanten Kenntnissen und Fähigkeiten.

Die **karriereorientierte** Unterstützung stellt insbesondere auf eine sinnvolle und den Mitarbeiter herausfordernde Weiterverwendung im Unternehmen ab. Der Expatriate sollte hierbei vor allem durch einen Paten im Stammhaus unterstützt werden, der den Namen seines „Schützlings" regelmäßig bei Diskussionen um anstehende Stellenbesetzungen ins Spiel bringen muss. Gleiches gilt für den Personalbetreuer für den Auslandsbereich, dem überdies die Aufgabe zukommt, den Expatriate schon während des Auslandseinsatzes regelmäßig über offene Positionen zu informieren. Rechtzeitig vor der offiziellen Rückkehr sollte es dem Expatriate ermöglicht werden, sich bei den Entscheidungsträgern im Stammhaus „in Erinnerung zu bringen" („Networking Visit"[1]). Die Beteiligten sollten auch hinsichtlich der Laufzeit des Auslandsvertrages hinreichend flexibel sein, das heißt beispielsweise, dass der Vertrag vielleicht drei Monate früher als geplant beendet wird, weil zu dem Zeitpunkt die passende Position vorhanden ist. Andersherum kann ein Auslandseinsatz eventuell auch um einige Monate verlängert werden, wenn dadurch unbefriedigende „Warteschleifen" vermieden werden können. Die Übernahme von zeitlich begrenzten Aufgaben nach der Rückkehr aus dem Ausland muss im übrigen nicht immer einen negativen Beigeschmack haben. In einer Geschäftswelt, in der „Projektkarrieren" zunehmend selbstverständlicher werden, kann es sogar ein sehr sinnvoller Schritt sein, den ehemaligen Expatriate in einem Projekt einzusetzen, in dem er seine „noch frischen" Auslandserfahrungen unmittelbar einbringen kann.

Die im Ausland gewonnenen Erkenntnisse sollten weiterhin im Rahmen eines „Debriefing" strukturiert aufgearbeitet und interessierten Unternehmensangehörigen zur Verfügung gestellt werden. Dem ehemaligen Expatriate wird somit deutlich gemacht, dass seine individuellen Erfahrungen einen entscheidenden Beitrag zum organisationalen Lernen darstellen.

Nicht nach jedem Auslandseinsatz wird es automatisch einen klassischen „Karriereschritt" geben, hier kommt es auch entscheidend auf den Charakter des Auslandseinsatzes und die damit verbundenen Erwartungen des Expatriates an: „Simply put, expats need to know why they're going to a foreign post. It makes a difference if it's simply a functional assignment and not meant to be an opportunity to develop management skills.

---

[1] Solomon (1995, 32)

If they mistakenly believe it's the latter, of course they'll be disappointed when they return to a lateral position years later."[1]

Die **psychologische** Unterstützung betrifft vor allem den Bereich der privaten Reintegration und soll bei der Verarbeitung des Contra-Kulturschocks helfen. Hierzu bieten sich, neben einer offiziellen Begrüßung des Heimkehrers durch die Unternehmensspitze, insbesondere Reintegrationsseminare an. "Hier finden die Mitarbeiter und ihre Familien andere Heimkehrer, mit denen sie über ihre Auslands- und Rückkehrerfahrungen sprechen können. Dieser Austausch hilft ihnen, die Gründe für ihre Schwierigkeiten nicht nur bei sich selbst zu suchen, sondern als normale Reaktion für den Übergang von einem Kulturkreis zu einem anderen zu verstehen. Gemeinsam kann man Problemkreise analysieren, Ursachenforschung betreiben und Lösungsansätze für eine erfolgreiche Reintegration entwickeln. Aus diesen Gesprächen kann ein Netzwerk entstehen, in dem man sich auch nach dem Seminar gegenseitig Tipps und Hilfestellung gibt. Und die im Ausland entstandene Sensibilisierung für fremde Kulturen kann dazu benutzt werden, gemeinsam mit einem interkulturellen Deutschandspezialisten über Ursachen und Gründe für das Entstehen und Wirken deutscher Kulturstandards nachzudenken."[2]

---

[1] Frazee (1997)
[2] Keller (1998, 329 m.w.N.)

9. Organisation des internationalen Personalmanagements

Lernziele

Nach Bearbeitung dieses Abschnittes sollten Sie

- die wesentlichen Aufgaben des internationalen Personalmanagements kennen,
- die Anforderung an das internationale Personalmanagement erörtern können,
- Ansätze zur Gestaltung des internationalen Personalmanagements kennen.

Fall: Der neue Job

Auf dem Heimflug nach Deutschland entdeckt Bernstein bei der Lektüre der Wochenendausgabe einer deutschen Zeitung eine Stellenanzeige, deren Inhalt sich in weiten Teilen mit der Stellenbeschreibung für seine eigene neue Aufgabe deckt. Im Inserat wird für eine Bank der Leiter Expatriate Management gesucht. Konkret heißt es in der Anzeige: „In Kooperation mit den Linien- und HR-Managern erarbeiten Sie strukturierte Packages, koordinieren die internationalen Transfers und zeichnen verantwortlich für die Vorbereitung und Überwachung der Entscheidungsgrundlagen sowie die Vertragsgestaltung. Dazu gehören die Kompensations- und Benefitsregelungen ebenso wie sämtliche Fragen im Zusammenhang mit Relocation, Housing, Steuern, Bewilligungen etc. Ihre Unterstützung ist aber auch bei der Umsetzung der gruppenweiten Politik sowie der Steuerung der Kontrollmechanismen gefragt."[1]

Bernstein schmunzelt angesichts der zahlreichen Anglizismen im Text und überdenkt noch einmal seine eigene Strategie für die ersten „100 Tage" im neuen Job.

Fragen zum Fallbeispiel:

1. Bildet die obige Stellenanzeige Ihrer Meinung nach das Aufgabengebiet des internationalen Personalmanagements hinreichend ab?
2. Welche Gestaltungsalternativen hat ein Unternehmen zur Organisation der internationalen Personalarbeit?

---

[1] Corporate Management Selection (1999)

9.1 Aufgaben des internationalen Personalmanagements

Unter internationalem Personalmanagement wurden in diesem Buch vor allem die Aspekte des Mitarbeitereinsatzes im Ausland behandelt. Abbildung 9-1 liefert noch einmal eine zusammenfassende Darstellung der wesentlichen Aufgaben des **Expatriatemanagements**, die in den zurückliegenden Kapiteln bereits im Detail diskutiert wurden.

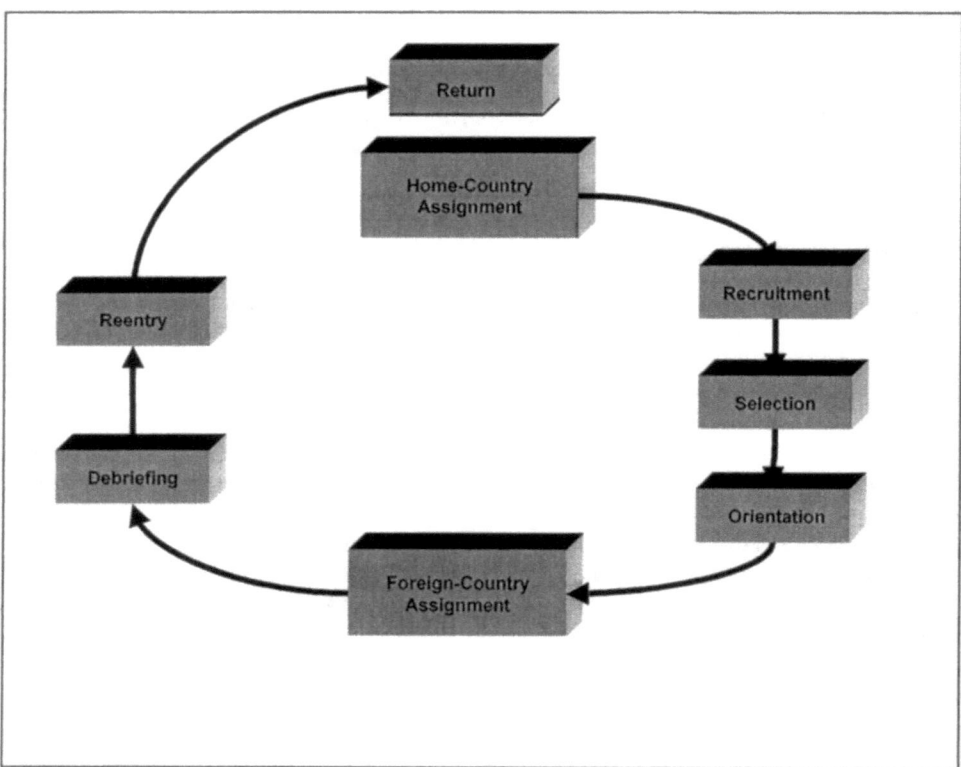

Abbildung 9-1: Expatriate International Career Cycle. Quelle: modifiziert aus Holt (1998, 562 nach Adler)

Zu den weiteren Aufgaben des internationalen Personalmanagements kann, je nach unternehmensspezifischen Gegebenheiten, die **Koordination** zwischen den für die Personalarbeit zuständigen Stellen innerhalb einer Unternehmensgruppe im In- und Ausland gehören. Als denkbare Koordinationsaktivitäten sind hier unter anderem die Ein- und Durchführung von Stellenbewertungen nach einheitlichen Richtlinien, die Erarbeitung allgemein gültiger Personalgrundsätze und Vereinbarungen zum internationalen Personalaustausch zu nennen.

Sofern in einem Unternehmen **Arbeitnehmervertretungen** existieren, fällt die Zusammenarbeit mit diesen Einrichtungen ebenfalls in das Aufgabengebiet des internationalen Personalmanagements. In international operierenden Unternehmen kommt in diesem Zusammenhang wahrscheinlich in der Zukunft den „Weltbetriebsräten" eine besondere Rolle zu. Der Volkswagenkonzern hat beispielsweise im Jahre 1999 „einen Weltbetriebsrat gegründet. Darin sind 27 Arbeitnehmervertreter aus allen Ländern vertreten, in denen der Automobilkonzern Beschäftigte hat. (...) Der Weltkonzernbetriebsrat repräsentiert die Arbeitnehmervertretungen für rund 300 000 VW-Beschäftigte in mehr als einem Dutzend Ländern. Er soll die Arbeit der einzelnen Betriebsräte koordinieren und die Mitbestimmung in allen Werken fördern."[1] Die Gründung von Weltbetriebsräten ist eine logische Weiterführung des Konzeptes der europäischen Betriebsräte.[2] Die Zuständigkeiten dieser Arbeitnehmervertretungen erreichen nicht das Maß der aus dem deutschen Betriebsverfassungsgesetz resultierenden Mitbestimmungs- und Mitwirkungsrechte eines deutschen Betriebsrates, sie beschränken sich vielmehr auf Informations- und Konsultationsrechte.

Zur Planung, Kontrolle und Steuerung der einzelnen Tätigkeitsfelder des internationalen Personalmanagements ist schließlich ein internationales **Personalcontrolling** einzurichten, das mittels eines zweckentsprechenden Berichtssystems die jeweils zuständigen Entscheidungsträger über die Entwicklung von unternehmensinternen wie auch unternehmensexternen Frühindikatoren informieren sollte, die die internationale Personalarbeit positiv oder negativ beeinflussen können.[3]

9.2 Anforderungen an das internationale Personalmanagement

Als „Grundpostulate für ein zukunftsorientiertes Personalmanagement"[4] gelten im allgemeinen Kundenorientierung, Individualität, Flexibilität, Strategiekonsistenz und Wirtschaftlichkeit. Es macht es keinen Unterschied, ob man ein rein nationales oder ein international ausgerichtetes Personalmanagement betrachtet, in beiden Fällen müssen die aufgeführten Anforderungen erfüllt werden.

---

[1] DPA (1999)
[2] vgl. das Gesetz über Europäische Betriebsräte (1996)
[3] vgl. Olfert/Steinbuch (1998, 47 f.)
[4] vgl. Schmeisser/ Clermont (1999, 64 ff. m.w.N.)

„Personalarbeit ist letztlich nur dann erfolgreich, wenn die angebotenen Produkte und Dienstleistungen von den verschiedenen internen und zum Teil auch externen Kundengruppen nachgefragt und akzeptiert werden."[1] Hinsichtlich der so begründeten Forderung nach **Kundenorientierung** stellt sich die Frage, wer denn eigentlich „Kunde" der internationalen Personalarbeit ist. Neben der Geschäftsführung und den Linienführungskräften ist hier vor allem an potenzielle, zukünftige, aktive und ehemalige Expatriates zu denken. Sofern vorhanden, können die Arbeitnehmervertretungen als Kundengruppe angesehen werden. Schließlich sind darüber hinaus externe Bezugsgruppen zu beachten, beispielsweise die für die Erteilung von Aufenthalts- und Arbeitserlaubnis zuständigen öffentlichen Stellen. Die Vielschichtigkeit des Kundenbegriffes lässt zwei wesentliche Problemfelder erkennen: Zum einen wird sich die mit dem Postulat der Kundenorientierung einhergehende und in der betrieblichen Praxis mitunter überstrapazierte Forderung nach „One face to the customer" in vielen Fällen nur schwerlich realisieren lassen. Zum anderen sind aufgrund der höchst unterschiedlichen Kundenbedürfnisse Zielkonflikte in der internationalen Personalarbeit sehr wahrscheinlich, als Beispiel sei hier der Wunsch der Expatriates nach einem großzügigen Vergütungspaket genannt, der zwangsläufig, zumindest bei einer oberflächlichen Betrachtung, mit dem Kundenwunsch der Geschäftsleitung nach Kostenoptimierung kollidiert.

Die **Individualisierung** der Personalarbeit bedeutet „das Abrücken von kollektiven Regelungen; stattdessen sollen verstärkt die Bedürfnisse und unterschiedlichen Wertvorstellungen der einzelnen Mitarbeiter berücksichtigt werden."[2] Die Individualisierung darf allerdings nicht übertrieben werden, da man sonst in eine Atomisierung der Personalarbeit geriete, die insbesondere gegen das noch zu skizzierende Postulat der Wirtschaftlichkeit verstoßen könnte. Angesichts der Komplexität des Expatriatemanagements bestünde ferner die Gefahr einer unüberschaubaren Flut von Einzelfallregelungen. Für das internationale Personalmanagement bieten sich dennoch eine Reihe von sinnvollen Ansatzpunkten zur Individualisierung an. So können beispielsweise Komponenten der Expatriatevergütung im Sinne eines Cafeteriasystems gestaltet werden, das heißt, der Expatriate kann die unterschiedlichen Komponenten der Gesamtvergütung, im Rahmen von Vorgaben und unter Einhaltung des „Gesamtwertes", nach seinen Bedürfnissen zusammenstellen. So wäre es etwa denkbar, dass ein Expatriate auf die Auszahlung einer Auslandszulage zugunsten einer verbesserten Altersversorgung verzichtet. Auch in Bezug auf die Vertragslaufzeit eines Auslandseinsatzes ist eine Individualisierung darstellbar, zum Beispiel dann, wenn der Expatriate besondere Vertragslaufzeiten aufgrund der Ausbildung seiner Kinder wünscht. Die Personalführung und die Personalbeurteilung müssen gerade im internationalen Einsatz, wie in den Kapiteln vier und fünf erörtert wurde, insbesondere auf das Individuum abstellen und dürfen nicht starren Einheitskonzepten folgen.

Unter **Flexibilität** versteht man „die Anpassungsfähigkeit an Unvorhergesehenes sowie an interne und externe Umweltfaktoren. Anders als bei der Individualisierung, die in

---

[1] Schmeisser/Clermont (1999, 65)
[2] Scholz (1994, 36 m.w.N.)

erster Linie den Wünschen der Mitarbeiter gerecht werden will, zielt die Flexibilisierung unmittelbar auf eine Verbesserung der Unternehmensleistung."[1] In weiten Teilen ergeben sich für die Erfüllung der Flexibilitätsanforderung dieselben Ansatzpunkte wie bei der Individualisierung, allerdings nunmehr mit der erwähnten primären Unternehmensorientierung. So können beispielsweise die Vergütungsregelungen für Expatriates zu einem größeren Teil variabel und ergebnisabhängig gestaltet werden, sodass die Kostensituation eines Unternehmens „in schlechten Zeiten" nicht über Gebühr belastet wird. Auf Flexibilität bedachte Unternehmen werden weiterhin bestrebt sein, vertragliche Regelungen bezüglich des Rückrufs vom ausländischen Einsatzort zu ihren Gunsten zu gestalten. Vor dem Hintergrund der angesprochenen Wiedereingliederungsproblematik kann die Flexibilitätsforderung möglicherweise auch durch ein sehr weit ausgelegtes Verständnis hinsichtlich der Rückkehrzusage (etwa: „Wir sichern ihnen nach Beendigung ihres Auslandseinsatzes in Amerika einen ihrer Qualifikation und Erfahrung angemessenen Arbeitsplatz an einem unseren Standorte in der Europäischen Union zu.") Berücksichtigung finden. Eine sehr weitgehende Flexibilisierung liegt letztlich in einer (zumindest teilweisen) Abkehr von dem in dieser Arbeit vorgestellten traditionellen Expatriatemanagement, dessen Grundverständnis ja auf einer längerfristigen Arbeitgeber-Arbeitnehmer-Beziehung beruht. Es bleibt abzuwarten, ob die vereinzelt zu beobachtende und sicherlich nicht für jede Art von Auslandseinsatz in Frage kommende Hinwendung zur Idee des „Just in time Managers"[2], für das zukünftige internationale Personalmanagement eine bedeutende Rolle spielen wird.

Das Postulat der **Strategiekonsistenz** stellt auf eine „Stimmigkeit zwischen der Ausrichtung des Personalmanagements und der Unternehmens- und Wettbewerbsstrategien"[3] ab. Dies bedeutet in Bezug auf das internationale Personalmanagement vor allem, dass es mit der Internationalisierungsstrategie des Unternehmens in Einklang zu sein hat. Dieser Aspekt wurde bereits zum Teil im ersten Kapitel im Zusammenhang mit der Stellenbesetzung nach dem „EPRG-Modell" von Perlmutter angesprochen.[4] Wolf hat in einer empirischen Studie (82 Großunternehmen aus Europa und Amerika) keine Bestätigung für die Hypothese einer Konsistenz zwischen der Grundstrategie eines Unternehmens und der Ausrichtung des internationalen Personalmanagements gefunden.[5] Wichtig ist an dieser Stelle allerdings der Hinweis von Scholz, der herausarbeitet, dass Strategiekonsistenz nicht bedeuten darf, „dass Personalmanagementstrategie zwangsläufig zur derivativen Planung ‚degeneriert'. Vielmehr muss von der Existenz eines Strategiekorridors ausgegangen werden: Die gewählte Internationalisierungsstrategie steckt einen Rahmen ab, der - in Abhängigkeit von den übrigen Rahmenbedingungen - zu füllen ist. Dabei spielt auch die partielle Entkoppelbarkeit der funktionalen Teilstrategien

---

[1] Scholz (1994, 38)
[2] vgl. z.B. Richards (1998, 29)
[3] Schmeisser/Clermont (1999, 68)
[4] vgl. Tabelle 2-1
[5] vgl. Wolf (1997)

eine wichtige Rolle: So bedeutet die Existenz eines global standardisierten Produktes nicht zwangsläufig eine global standardisierte Personalarbeit."[1]

Bei der Forderung nach **Wirtschaftlichkeit** geht es um die bestmöglich Input-Output-Relation der internationalen Personalarbeit. In der Vergangenheit fokussierte man sich bei diesem Kriterium im wesentlichen auf die Kostenseite. Nach einer neueren amerikanischen Umfrage ist allerdings selbst dies manchmal nicht der Fall: „Almost one-third of [337] respondents say their organizations never compare actual cost of an assignment to the projected costs."[2] Tabelle 9-1 zeigt eine von Joha vorgeschlagene mögliche Gliederung von Kostenarten des Expatriatemanagements.[3]

Kostenarten des Expatriatemanagements		
Kosten im Entsendungsjahr	**Kosten eines vollen Kalenderjahres**	**Rückkehrkosten**
■ Training	■ Funktionszulage[4]	■ Gehalt bei personellem Überhang
■ Look-and-see-Trip	■ Auslandsprämie/-zulage	■ Training
■ Wohnungs-/Hausverkauf, Vermietung	■ Erschwerniszulage	■ Umzug
■ Wohnungssuche im Ausland	■ Kaufkraftausgleich	■ Rückreise
■ Umzug und Umzugsnebenkosten	■ Steuerausgleich	■ Sonstiges (zu spezifizieren)
■ Ausreise	■ Wechselkurskosten	
■ Sonstiges (zu spezifizieren)	■ Sozialversicherung	
	■ PKW	
	■ Wohnung/Haus	
	■ Schulgeld	
	■ Heimreise	
	■ Sprachkurse	
	■ Versicherungen	
	■ Sonstiges (zu spezifizieren)	

Tabelle 9-1: Kostenarten des Expatriatemanagements. Quelle: Auswahl aus Joha (1998)

---

[1] Scholz (1994, 798)
[2] Halcrow (1999, 46)
[3] Zur weiteren Differenzierung vgl. Joha (1998, 78 ff.)
[4] „Zweck einer Funktionszulage ist es, eine höherwertige Tätigkeit im Ausland zu vergüten, ohne diesen Betrag ins Grundgehalt einzuschließen" (Joha, 1998, 80). Bei der in diesem Buch vorgestellten Entgeltfindung spielt eine solche Zulage allerdings keine Rolle.

Unter der unternehmensindividuell zu besetzenden Rubrik „Sonstiges" sollte nicht vergessen werden, die „versteckten Kosten" der Expatriateadministration zu berücksichtigen, insbesondere solche, die durch vermeidbare Rückfragen von Expatriates wegen Abrechnungsfehlern u.ä. entstehen. Aus den USA wird von einem Unternehmen berichtet, „that had more than 200 expats who logged 3 000 phone calls, e-mails and faxes between themselves and management. Almost 57 percent were related to payroll errors."[1]

Die Erfassung der Output-Seite eines Auslandseinsatzes gestaltet sich wesentlich schwieriger als die der Input-Seite; in vielen Fällen behilft man sich hier mit dem indirekten Weg von Kostenvergleichsrechnungen, um die Vorteilhaftigkeit eines Auslandseinsatzes zu begründen. Entscheidend ist dabei die Art des Auslandseinsatzes. Handelt es sich beispielsweise um einen Einsatz, der den Transfer von Know-how zum Ziel hat, könnten die Kosten der Expatriierung vom Stammhaus in eine Tochtergesellschaft (Ein Expatriate „schult" zehn lokale Mitarbeiter) die Kosten der gegenläufigen Alternative (Die zehn lokalen Mitarbeiter kommen ins Stammhaus) gegenübergestellt werden. Bei dem Auslandseinsatz, bei dem eine vakante Stelle im Ausland besetzt wird, ließen sich als Vergleichsgröße der Kosten des Auslandseinsatzes die Kosten ansetzen, die bei Anwerbung einer lokalen Fachkraft vor Ort angefallen wären. Wenn es die Eigenart der Position zulässt, sollten gegebenenfalls auch die Kosten einer realen Versetzung im Vergleich zu einem „virtuellen Auslandseinsatz" gemessen werden, der mit Hilfe moderner Kommunikationstechniken (Videokonferenzen u.ä.) durchgeführt wird. Für den vorrangig der Personalentwicklung dienenden Auslandseinsatz schließlich lassen sich Alternativkosten für das „fertige Produkt" heranziehen, das heißt zum Beispiel, welche Personalsuchkosten und Gehaltszuschläge würden anfallen, wenn ich den nach dem Auslandseinsatz „weiterentwickelten" Mitarbeiter nicht hätte, sondern das „fertige Produkt" vom externen Arbeitsmarkt beschaffen müsste.[2]

Kaum quantifizierbar ist letztlich die aus einem Auslandseinsatz resultierende Mehrung des Sozialkapitals eines Unternehmens: „Soziales Kapital ist [wenig] konkret, denn es wird durch die Beziehungen zwischen Personen verkörpert. Physisches Kapital und Humankapital erleichtern die Produktion, und soziales Kapital tut dies ebenso. Beispielsweise wird eine Gruppe, deren Mitglieder vertrauenswürdig sind und sich gegenseitig vertrauen, sehr viel mehr erreichen können als eine vergleichbare Gruppe, der diese Vertrauenswürdigkeit und das Vertrauen fehlt."[3]

---

[1] Gould (1997)
[2] vgl. Johns (1997)
[3] Coleman (1991, 394), vgl. auch ders. (1988, 100 f.)

9.3 Gestaltungsmöglichkeiten des internationalen Personalmanagements

Der Antwort auf die Frage „Wer soll die beim Expatriatemanagement anfallenden Aufgaben durchführen?" kann man sich mit Hilfe des in Abbildung 9-2 dargestellten Entscheidungsportfolios nähern.

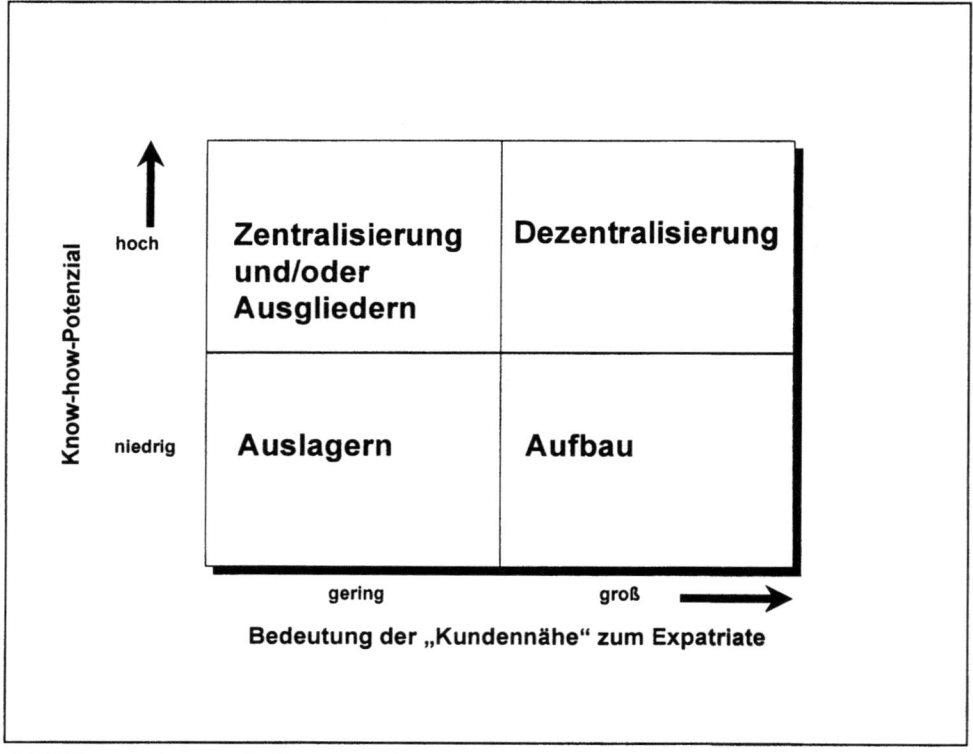

Abbildung 9-2: Entscheidungsportfolio für die Organisation des internationalen Personalmanagements. Quelle: Eigene Darstellung in Anlehnung an Frank (1998, 78)

Im Folgenden sei fiktiv davon ausgegangen, dass alle in diesem Buch diskutierten operativen Aspekte des Expatriatemanagements an einer Stelle des Stammhauses („Personalreferat Ausland" o.ä.) verankert sind. Es stellt sich nun die Frage, ob die einzelnen Aufgaben bei der „Zentralstelle" richtig aufgehoben sind, oder ob andere interne Stellen oder aber auch externe Leistungsanbieter in Betracht zu ziehen sind. Entscheidungsparameter sind zum einen das Know-how-Potenzial des „Personalreferats Ausland" und zum anderen die Bedeutung der „Kundennähe" (hier in Bezug auf den Auslandsmitarbeiter als „internen Kunden"). Die Abwägung muss zweifelsohne unternehmensspezifisch erfolgen, an dieser Stelle sollen lediglich zur Verdeutlichung einige ausgewählte Aspekte eines möglichen Entscheidungsprozesses vorgestellt werden:

Im Bereich der externen Beschaffung von Personal für Auslandseinsätze dürfte ein zentrales „Personalreferat Ausland" in vielen Fällen über ein relativ niedriges Know-how verfügen. Während der frühen Suchphase kommt der „Kundennähe" zum (potenziellen) Auslandsmitarbeiter auch noch nicht eine große Rolle zu. Somit wäre ein Auslagern der Beschaffungsaktivitäten auf am jeweiligen Auslandsmarkt erfahrene Personalberater oder, sofern vorhanden, das Personalwesen der ausländischen Unternehmenseinheit zu überlegen. Andere typische Anwendungsfälle der Auslagerung sind die Beratung der Expatriates in Steuerfragen (gegebenenfalls auch durch eine unternehmensinterne Steuerabteilung zu leisten), die Ermittlung von Kaufkraftdaten u.ä., die Unterstützung im Zusammenhang mit Immobilien, das Durchführen von interkulturellen Trainings und die Unterstützung bei allen Fragen des Umzuges (Relocation Services).[1]

Wenn das „Personalreferat Ausland" ein besonderes Know-how aufgebaut hat, für das die Kundennähe zum Expatriate von untergeordneter Bedeutung ist, kann es sich anbieten, diese Aufgaben zu zentralisieren. Um dem Postulat der Wirtschaftlichkeit gerecht zu werden, legen beispielsweise viele größere Unternehmen mittlerweile die wichtigsten Elemente ihrer im Rahmen von Auslandseinsätzen anzuwendenden Regeln und Vereinbarungen in entsprechenden Richtlinien (Entsenderichtlinien, International Assignment Policy o.ä.) fest. Mit dem Ziel der Kostenoptimierung von Auslandseinsätzen, geht der Trend dabei zu Regelungen, die je nach Einsatzzweck differieren.[2] Die Zuständigkeit für das Erstellen und Fortschreiben solcher Richtlinien sollte, unter den getroffenen Annahmen, beim „Personalreferat Ausland" liegen.

Sofern auch ein externer Markt für Dienstleistungen des „Personalreferats Ausland" vorhanden ist (zum Beispiel ein selbstentwickeltes interkulturelles Assessment-Center), wäre zu prüfen, ob eine (zumindest teilweise) Ausgliederung der Aktivitäten sinnvoll sein könnte. Schließlich wäre für die Fälle, in denen die „Kundennähe" nicht von entscheidender Bedeutung ist, zu überlegen, ob sich eine Kooperation mit einem anderen Unternehmen anbietet, das ebenfalls in der Auslandspersonalarbeit aktiv ist. Was spricht etwa dagegen, dass Unternehmen A sein spezielles Know-how für den Mitarbeitereinsatz in der Ukraine dem Unternehmen B zur Verfügung stellt und „im Gegenzug" detaillierte Informationen erhält, die bei einer Expatriierung nach Belize zu beachten sind? Die Erfahrungsaustauschkreise der Experten für Auslandspersonalarbeit der Deutschen Gesellschaft für Personalführung bieten Ansatzpunkte für derartige arbeitsteilige Kooperationen.

Für die Tätigkeiten, für die die „Kundennähe" zum Expatriate von großer Bedeutung ist (zum Beispiel Aspekte der Betreuung, Beurteilung und der Personalentwicklung),

---

[1] vgl. Arthur Andersen (1999)
[2] vgl. Arthur Andersen (1999)

scheint eine dezentrale Verankerung empfehlenswert. Als dezentrale Stellen kommen die Vertreter der Fachabteilungen (bisherige Abteilung im Inland und Abteilung des Expatriates im Einsatzort), der bisherige Personalbetreuer und der Personalmanager am Einsatzort in Frage. Zwischen Fachabteilung und Personabteilung sollten dabei die Zuständigkeitsbereiche explizit abgegrenzt werden; die Abgrenzung wird dabei, je nach der grundsätzlichen Bedeutung, die dem Personalmanagement in einem Unternehmen zugeschrieben wird, sehr unterschiedlich ausfallen können. Verfügen die dezentralen Akteure der internationalen Personalarbeit in Teilbereichen über ein zu geringes Know-how, ist dieses Know-how aufzubauen. Als Beispiel sei hier an die Sensibilisierung für das Thema Beurteilung im interkulturellen Kontext erinnert.

„Träger der Personalarbeit" ist stets auch der Mitarbeiter selber. Dies gilt gleichermaßen für den Mitarbeiter im Auslandseinsatz. Das Expatriatemanagement sollte daher, bei aller ökonomisch-sinnvoller und fürsorglicher Unterstützung, vermeiden, zu einer „Rundum-Sorglos-Versorgung" auszuarten, um die Eigeninitiative des Expatriate nicht zu unterdrücken.

Literatur- und Quellenverzeichnis

Adams, J.W. (1999): US-Expatriate Handbook, ed. by the West Virgina University, WWW-Zugriff am 26. August 1999: http://www.us-expatriate-handbook.com

Adecco Personaldienstleistungen (1999): Adecco Stellenindex Ausland (Auswertung von Stellenanzeigen). Untersuchungszeitraum September 1998 bis August 1999, Informationen über e-mail

Adler, N.J. (1992): International Dimensions of Organizational Behavior, 2nd ed., Boston

Alston, E./Stratford, R. (1999): Living abroad – the adjustment experiences of children during international relocation, in: Knapp et al., S. 426-433

Arthur Andersen (1999): Expatriate Management Programs: best in Class Study. WWW-Zugriff am 16. August1999 unter http://www.arthurandersen.com

Barnard, C.I. (1938): The functions of the executive, Cambridge

Becker, F.G.; Fallgatter, M.J. (1998): Betriebliche Leistungsbeurteilung: Lohnt die Lektüre der Fachbücher?, in: DBW 58 (1998) 2, S. 225-241

Berthel, J. (1989): Personal Management: Grundzüge für Konzeptionen betrieblicher Personalarbeit, 2. überarb. u. erw. Aufl., Stuttgart

Berthel, J./Koch, H.-E. (1985): Karriereplanung und Mitarbeiterförderung, Sindelfingen

BfF (1999): Internetserver des Bundesministers für Finanzen. WWW-Zugriff am 26. August 1999: http://www.bff-online.de

Bittner, A.; Reisch, B. (1994): Interkulturelles Personalmanagement, hrsg. vom Institut für Interkulturelles Management, Wiesbaden

Black, J.S.; Gregersen, H.B. (1992): Serving Two Masters: Managing the Dual Allegiance of Expatriate Employees, in: Sloan Management Review, Jg. 33, S. 61-71, zitiert bei Weber et al.

Black, J.S.; Gregersen, H.B. (1999): Auslandseinsätze: Was sie erfolgreich macht, in Harvard Business Manager 6/1999, S. 103-111

Bosetzky, H. (1972): Die instrumentelle Funktion der Beförderung, in: Verwaltungsarchiv 63

Bronner, R./Schröder, W. (1992): Evaluation der betrieblichen Bildungsarbeit, in: Gaugler, W./Weber, W.(Hrsg.)(1992), Handwörterbuch des Personalwesens, 2. neubearb. und ergänzte Auflage, Stuttgart, Sp. 853-864

Buck, B. (1985): Berufe und neue Technologien. Über den Bedeutungsverlust berufsförmig organisierter Arbeit und Konsequenzen für die Berufswelt, in: Soziale Welt, Jg. 36., Heft 1, S. 83-105

Certo, S. (2000): Modern Management, 8th. ed., Upper Saddle River etc.

Clermont, A.; Schmeisser, W. (Hrsg.) (1997): Internationales Personalmanagement, München

Colemann, J.S. (1988): Social Capital in the Creation of Human Capital, in: American Journal of Sociology, Jg. 94, S. 95-120

Colemann, J.S. (1991): Grundlagen der Sozialtheorie, München

Collins, E. G. C. ; Devanna, M. A. (1994): The new portable MBA, New York etc.

Conradi, W. (1983): Personalentwicklung, Stuttgart

Corporate Management Selection (1999): bei Jobs & Adverts veröffentlichte Stellenanzeige. WWW-Zugriff am 16.08.1999: http://www.jobpilot.ch/stellenanzeigen/7ce/32/41839.htm

Dadfar, H.; Moberg, C.; Törnvall, A. (1999): In Search of Cultural Synergy in Multicultural Organizations, in Knapp et al., S. 175-190

Dahl, Ø. (1999): The use of stereotypes in intercultural communication, in: Knapp et al., S. 453-463

Debrus, C. (1995): Die Vorbereitung von Mitarbeitern auf den Auslandseinsatzes. Aus der Praxis der Henkel KGaA, in: Kühlmann (Hrsg.), S. 119-141

DGFP (1995): Der internationale Einsatz von Fach- und Führungskräften, 2. Aufl., hrsg. von der Deutschen Gesellschaft für Personalführung, Köln

DGVN (1999): Bericht über die menschliche Entwicklung, deutsche Fassung des Human Development Report, hrsg. von der Deutschen Gesellschaft für die Vereinten Nationen e.V., Bonn

Domsch, M. (1990): Personalentwicklung in der Industrieforschung: Eine empirische Untersuchung in 6 forschungsintensiven Großunternehmen zum Problem der Überalterung von Fachwissen, Stuttgart

Domsch, M.; Krüger-Basener, M. (1995): Personalplanung und –entwicklung für Dual Career Couples (DCCs), in: Rosenstiel/Regnet/Domsch (Hrsg.), S. 527-538

Domsch, M.; Ladwig, D.H. (1996): Internationales Führungskräfte-Training – Konzepte und Methoden, in: Macharzina/Wolf (Hrsg.), S. 301-322

Domsch, M.; Lichtenberger B. (1995): Der internationale Personaleinsatz, in: Rosenstiel/Regnet/Domsch (Hrsg.), S. 475-484

Dowling, P.J.; Welch, D.E. (1988): International Human Resource Management: An Australian Perspective, in: Asia Pacific Journal of Management in: Asia Pacific Journal of Management, Jg. 6, Nr. 1, S. 39-65, zitiert bei Weber et al. (1998)

DPA (1999): Volkswagen gründet Weltbetriebsrat. dpa-Meldung bei http://www-vgm2.niedersachsen.com/HAZ/WIRT/story24308.html am 25.11.1999 (Archiv)

Drumm, H.J. (1992): Personalwirtschaftslehre, 2. Aufl., Berlin u.a.

Dülfer, E. (1995): Internationales Management in unterschiedlichen Kulturbereichen, 3. Aufl., München

ECA (1999): Cost of Living Ups and Downs. WWW-Zugriff am 7. November 1999: http://www.eca-international.com/news/library/cost_of_living/html

Eckhardt, T. (1997): Auf dem Weg zur integrierten Personalentwicklung, in Personalführung 12/97, S. 1132-1136

Expatriate Management Update (1999): WWW-Zugriff am 23. August 1999: http://members.aol.com/expatmngmt/index.htm/cvrjul99.htm

Fischer, H. (Hrsg.) (1983): Ethnologie. Eine Einführung, Berlin

Fitzgerald-Turner, B. (1997): Myths of Expatriate Life. Ways to help Expatriate Families Adjust, HR Magazine, June 1997

Föhr, S. (1998): Die Rolle der Personalberatung bei der Suche nach Führungskräften - Make or buy-Entscheidungen am Beispiel der Stellenanzeige, in: Zeitschrift für Personalforschung, 3/98, S. 319- 336

Fox, A. (1999): Global HR Forum Offers Opportunity for Face-to-face Troubleshooting. WWW-Zugriff am 12. August 1999: http://www.shrm.org/hrnews

Francesco, A.M.; Gold, B.A. (1998): International Organizational Behavior, Upple Saddle River, London etc.

Frank, G.P. (1998): Outsourcing: Stärkung oder Schwächung der betrieblichen Kompetenzentwicklung, in: Personalführung 2/1998, S. 74-79

Frazee, V. (1998 a): Send Your Expats Prepared for Success, in: Global Workforce, May 1998, Vol. 3, S.15-22

Frazee, V. (1998 b): Is the Balance Sheet Right for Your Expats?, in: Global Workforce, September 1998, Vol. 3, S.19-26

Friedrich, C. (1997): Auswahl und Vorbereitung eines internationalen Personalmanagementeinsatzes, in: Clermont, A. / Schmeisser, W. (Hrsg.) S. 295-308

FT (1999): Partner pick up net gains abroad, in: Financial Times (May 10 1999)

Gabler-online (1999): Auszug aus dem Gabler Wirtschaftslexikon, WWW-Zugriff am 26. August 1999 und am 13. November 1999: http://www.gabler-online.de

Gerster, F. (1987): Headhunting, in: WiSt - Wirtschaftswissenschaftliches Studium, S. 580-583, zitiert bei Schanz (1993), S. 281

Gesetz über Europäische Betriebsräte (1999)

Gould, C. (1997): Diskussionsbeitrag bei Solomon (1997)

Gould, C. (1999): Expat Pay Plans Suffer Cutbacks, in Workforce, September 1999, Vol. 78, No. 9, S. 40-46

Greengard, S. (1997): 10 Ways To Keep Your Expat Out of Trouble, in: Workforce, August 1997, Vol. 76, No. 8, S. 32

Gross, E. (1997): Steuerliche Auswirkungen der Tätigkeit von Arbeitskräften im Ausland, in: Clermont / Schmeisser, S. 461-480

Gudykunst, W.B.; Ting-Toomey, S. (1988): Culture and Interpersonal Communication, Newbury Park, zitiert bei Francesco/Gold

Halcrow, A. (1999): Expats: The Squandered Resource, in: Workforce April 1999, S. 42-48

Hall, E.T. (1977): Beyond Culture, reissue ed., New York

Hall, E.T. (1984): The Dance of Life: The other dimension of time, reissue ed., New York

Hammel-Kiesow, R./Pelc, O. (1996): Landesausbau, Territorialherrschaft, Produktion und Handel im hohen und späten Mittelalter (12.-16.Jh.), in: Lange, U. (Hrsg.): Geschichte Schleswig-Holsteins, Neumünster, S. 59-134

Hammer, M.R.; Hart, W.; Rogan, R. (1998): Can You Go Home Again? An Analysis of the Repatriation of Corporate Managers and Spouses, in: mir 1/98, S. 67-86

Hartmann, H./Meyer, P. (1980): Soziologie der Personalarbeit, Stuttgart

Hartog, den, D.N. et al. (1999): Emics and Etics of Culturally-Endorsed Implicit Leadership Theories: Are Attributes of Charimatic/Transformational Leadership Universally Endorsed? A Working Paper for the Reginald H. Jones Center. The Wharton School. University of Pennsylvania, to be published in Leadership Quarterly (1999)

Harvard Business School (1994): Egon Zehnder International. Case Study N9-395-076, Harvard

Harvey, M. (1997): Focusing the International Performance Appraisal Process, in Human Resource Development Quarterly, Vol. 8, Nr. 1, S. 41-62

Haupert, B.; Schnettler, B. (1999): Culture shock: Empirical evidence supporting the W-curve hypothesis, in: Knapp et al., S. 401-414

Hay (1999): What is Hay evaluation?, WWW-Zugriff am 7. November 1999: http://www.haypaynet.com

Heymann, H.-H./Schuster, L. (1998): Rekrutierung und Auswahl internationaler Führungskräfte, in: Kumar/Wagner (Hrsg.), S. 85-104

Hirsch, K. (1996): Reintegration von Auslandsmitarbeitern, in: Bergemann/ Sourisseaux, S. 285-298

Høeg, P (1994): Fräulein Smillas Gespür für Schnee, Lizenzausgabe, Gütersloh

Hoffman, E. (1999): Cultures don't meet – people do, in: Knapp et al., S. 464-475

Hofstede, G. (1991): Cultures and Organizations. Software of the mind, London

Holt, D.H. (1998): International Management. Text and Cases, Fort Worth

Horsch, J. (1995): Auslandseinsatz von Stammhaus-Mitarbeitern. Eine Analyse ausgewählter personalwirtschaftlicher Problemfelder multinationaler Unternehmen mit Stammsitz in der Bundesrepublik Deutschland, Frankfurt etc.

Horsch, J. (1996): Problemfelder der Wiedereingliederung von Mitarbeitern nach einem Auslandseinsatz, in: Personalführung 11/96, S. 990-994

IFIM (1994): Auswahl von Auslandsmitarbeitern: Fehler vermeiden! Beitrag im Presse-Service 3/1994 des Instituts für Interkulturelles Management, Bad Honnef, S. 4 - 6

Institut für Reisemedizin und Impfvorsorge (1999): WWW-Zugriff am 13. August 1999: http://www.reisemed.com/news.html

Jackson, T. (1996): The pitfalls of an overseas posting, in: Financial Times, 6 September 1996

Joha, J. (1997): Bericht von der DGFP-Fachtagung „Internationales Personalmanagement" in Offenbach, in: Personalführung 12/97, S. 1210-1213

Joha, J. (1998): Kostenvergleiche bei befristeter Auslandsbeschäftigung. Wer die Kosten von Entsendungen kalkulieren will, muss die Kostenarten definieren, in Personalführung 3/1998, S. 78-81

Johns, A. (1997): Diskussionsbeitrag bei Solomon (1997)

Keller, H.-J. (1998): Systematische Personalauswahl, Vorbereitung, Betreuung und reintegration bei der Mitarbeiterentsendung ins Ausland, in: Nord-Süd aktuell 2. Quartal 98, S. 320-330

Kemmet, C./Zander, E. (1991): Betriebliche Weiterbildung, in Grundlagen der Weiterbildung e.V. Hagen-Bonn (Hrsg.)(1991), Grundlagen der Weiterbildung, Neuwied u.a., Abschnitt 4.50.10

Klaus, H. (1994): Führung: Können oder Kunst? Zum Stand der Führungsforschung, in: Personal Heft 5/1994, S. 223-228

Klimecki, R.G: (1996): Mitarbeiterführung in fremden Kulturen, in Macharzina/Wolf (Hrsg.), S.339-352

Knapp, K.; Kappel, B.; Eubel-Kasper, K.; Salo-Lee, L. (eds.)(1999): Meeting the Intercultural Challenge. Effective Approaches in Research, Education, Training and Business, Berlin

Knapp. K. (1996): Interpersonale und interkulturelle Kommunikation, in: Bergemann/Sourisseaux, S. 59-80

Kockläuner, G. (1997): Der Index für menschliche Entwicklung, in WiSt Heft 12, Dezember 1997, S. 650-651

Kopp, R. (1994): International Human Resource Policies and Practices in Japanese, European and United States Mulitnationals, in: Human Resource Management 33, no. 4, S. 581-599, zitiert nach Holt

Kothe-Heggemann, C. (1996): Arbeits- und steuerrechtliche Fragen bei Auslandseinsätzen aus Führungskräfte-Sicht, in Macharzina/Wolf (Hrsg.), S. 441-453

Krieg, H.-J., Ehrlich, H. (1998): Personal, Stuttgart

Kühlmann, T.M. (Hrsg.)(1995): Mitarbeiterentsendung ins Ausland, Göttingen

Kühlmann, T.M.; Stahl,G.K. (1995): Die Wiedereingliederung von Auslandsmitarbeitern nach einem Auslandseinsatz: Wissenschaftliche Grundlagen, in: Kühlmann (Hrsg.), S. 119-141

Kumar, N.; Wagner, D. (Hrsg.)(1998): Handbuch des Internationalen Personalmanagements, München

Küpper, W.; Hanft, A. (1992): Aufbruchstimmung in der Personalentwicklung - Ergebnisse einer Umfrage, in: Personalführung, S. 194-199

Laib, K. (1997): Das 360-Grad-Feedback. Um klar zu sehen genügt oft ein Wechsel der Blickrichtung., in: Personalführung 12/97, S. 1138-1143

Lange, A. (1995): Ein dezentraler Ansatz in der internationalen Weiterbildung, in: Personalführung 3/1995, S. 198-203

Lange, A.; Huber, S. (1998): Personalentwicklung für internationale Aufgaben, in: Kumar/Wagner (Hrsg.), S. 105-127

Laurent, A. (1986): The Cross-Cultural Puzzle of International Human resource Management, in: HRM 25 (1/1986), S. 91-102, zitiert nach Scholz (1994)

Laws, B. (1998): Vergütungskonzepte im europäischen Ausland, in: Personalführung 2/98, S. 68-73

Louis, M.R. (1980): Surprise and sense making: What newcomers experience in entering unfamiliar organizational settings, in: Administrative Science Quarterly, 25, 226-251, zitiert bei Kühlmann/Stahl (1995)

Macharzina, K.; Wolf, J. (Hrsg.) (1996): Handbuch Internationales Führungskräfte-Management, Stuttgart etc.

Mahnkopf, B. (1990): Betriebliche Weiterbildung - Zwischen Effizienzorientierung und Gleichheitspostulat, in: Soziale Welt 3/1990, S. 70-96

Malik, F. (1998): Anforderungsprofile – eine Falle? Kriterienkataloge wecken den Traum vom Universalgenie, in: Personalführung 8/98, S. 12-13

Managermagazin (1998 a): Der strenge Missionar, in managermagazin Juli 1998, S. 88-98

Managermagazin (1998 b): Fern der Heimat, in: managermagazin, Juli 1998, S. 215-239

Managermagazin (1999): Um Kopf und Kragen. Trends. Headhunter, in: managermagazin, Mai 1999, S. 234-255

March, J.G.; Simon, H.A. (1958): Organizations, New York etc.

Mead, R. (1994): International Management. Cross Cultural Dimensions, Cambridge

Mentzel, W. (1994): Unternehmenssicherung durch Personalentwicklung, 6. Aufl., Freiburg i. Br.

Mittorp, K.D. (1997): Aspekte international ausgerichteter Vergütungspolitik am Beispiel der Deutschen Bank AG, in: Clermont/Schmeisser (Hrsg.), S. 445-460

Moore, K.; Lewis, D. (1998): The First Multinationals: Assyria circa 2000 B.C., in mir, vol. 38, S. 95-107

Mullins, L.J. (1999): Management and Organisational Behaviour, 5th. ed., London etc.

Myers, A. et al. (1995): Top Management Styles in Europe: Implications for Business and Cross-National Teams, in: European Business Journal 7, no. 1, zitiert nach Holt (1998)

Neuberger, O. (1991): Personalentwicklung, Stuttgart

Neuberger, O. (1998): Ein starkes Stück. Fragwürdige Thesen, fahrlässige Schlussfolgerungen, fatale Folgen: Psychologe Oswald Neuberger lehnt das 360-Grad-Feedback rundum ab, in: managermagazin Dezember 1998, S. 310-313

Niederhofer, H.; Held, L. (1996): Vorbereitung von Entsendungskandidaten bei der BMW AG, in Macharzina/Wolf (Hrsg.), S. 323-336

Oberg, K. (1958): Culture shock and the problem of adjustment to new cultural environments, Washington, zitiert bei Haupert/Schnettler (1999)

Oddou, G.; Mendenhall, M. (1995): Expatriate Performance Appraisal: Problems and Solutions, in Mendenhall/Oddou (eds.): Readings and Cases in International Human Resource Management, 2nd. ed., Cincinnati

Oechsler, W.A. (1996): Arbeitsrechtliche Probleme bei der Entsendung von Führungskräften ins Ausland, in Macharzina/Wolf (Hrsg.), S. 399-420

Olfert, K.; Steinbuch', P.A. (1998): Personalwirtschaft, 7., überarb. und erw. Aufl., Ludwigshafen

Ortmann, G. (1992): Macht, Spiel, Konsens, in: Küpper, W./Ortmann, G. (Hrsg.) (1992): Mikropolitik: Rationalität, Macht und Spiele in Organisationen, 2. durchges. Aufl., Opladen, S. 13-26

Pawlik, T. (1995): Rückzahlungsklauseln bei Personalentwicklungsmaßnahmen, Hamburg

Pelz, W. (1995): Grundlagen der BWL in Übersichtsdarstellungen, München

Podsiadlowski, A. (1996): Interkulturelle Kompetenz, in: io Management Zeitschrift 65 Nr.1/2, S. 74-77

Podsiadlowski, A. (1999): Evaluation eines Trainings zur Erhöhung interkultureller Kompetenz, in: Knapp et al., S. 319-337

Reicherzer, J. (1999): Lieber hier als dort. Mobil sein ist alles. Doch nicht mehr alle machen mit, in: Die Zeit, Nr. 28 vom 8.7.99, S. 61

Reisach, U. (1996): Personalauswahl für den Auslandseinsatz, in: Personal 7/1996, S. 354-358

Richards, L.K. (1998): Hiring Multicultural Vagabonds, in: Global Workforce, 11/1998, S. 28-30

Rosenstiel, L. von; Regnet, E.; Domsch, M. (Hrsg.) (1995): Führung von Mitarbeitern. Handbuch für erfolgreiches Personalmanagement, 3. Aufl., Stuttgart

Rudolph, W. (1983): Ethnos und Kultur, in: Fischer, H. (Hrsg.), S. 47-68

Sattelberger, T. (1992): Die lernende Organisation, in Personalführung, S. 286-295

Schanz, G. (1989): Verhaltenswissenschaftliche Aspekte der Personalentwicklung, in: Riekhof, H.C.(Hrsg.): Strategien der Personalentwicklung, 2. erw. Aufl., Wiesbaden, S. 5-21

Schanz, G. (1993): Personalwirtschaftslehre. Lebendige Arbeit in verhaltenswissenschaftlicher Perspektive, 2. völlig neubearbeitete Aufl., München

Schein, E.H. (1972): Individuum, Organisation und Karriere. Ein theoretisches Modell, in: Gruppendynamik, Jg. 3. S. 139-156

Schell, M.S. (1996): Supporting Expatriates on Assignment, Windham World Newsletter, Nov. 1996

Schmeisser, W.; Clermont, A. (1999): Personalmanagement, Herne/Berlin

Schneider, S.C.; Barsoux, J.-L. (1999): Managing across Cultures (Reprint from 1997), London etc.

Scholz, C. (1994): Personalmanagement, 4. verb. Aufl., München

Scholz, C. (1998): Bewerbung im Internet, in: WiSt - Wirtschaftswissenschaftliches Studium, S. 427- 432

Schröder, A. (1995): Die Betreuung von Mitarbeitern während des Auslandseinsatzes. Wissenschaftliche Grundlagen, in: Kühlmann (Hrsg.), S. 144-160

Schuler, H. (1995): Auswahl von Mitarbeitern, in: Rosenstiel/Regnet/Domsch (Hrsg.), S. 123-148

Shell UK (1999): WWW-Zugriff am 1. Juli 1999:
http://www.shell.co.uk/ukcorp/environment/report_to_society/rep_people.htm

Siebrasse, M. (1999): wörtlich zitierte Aussage bei Reicherzer

Skiba, K. (1997): Sozialversicherungsrechtliche Auswirkungen bei der Entsendung von Arbeitskräften ins Ausland, in: Clermont / Schmeisser, S. 481-484

Solomon, C.M. (1995): Repatriation Planning Checklist, in: Personnel Journal, 1/95, S. 32

Solomon, C.M. (1997): Return on Investment: What Are Your International Assignments Worth, in: Global Workforce 10/1997, S. 12-18

Speer, H. (1998): Bestandteile und Formen der Auslandsvergütung, in Kumar/Wagner (Hrsg.), S. 175-195

Sprenger, R.K. (1997): Mythos Motivation Wege aus einer Sackgasse, 14. Aufl., Frankfurt

ST (1999): Women face fight to work abroad, in: The Sunday Times (July 11 1999)

Staehle, W.H. (1991): Management, 6. Aufl., München

Stahl, W.H. (1995): Die Auswahl von Mitarbeitern für den Auslandseinsatz: Wissenschaftliche Grundlagen, in: Kühlmann (Hrsg.), S. 31-72

StBA (1999): Internationaler Vergleich der Preise für die Lebenshaltung. Reihe 10, Fachserie 17 des statistischen Bundesamtes, September 1999, Wiesbaden

Stehle, W. (1995): Mitarbeiterbeurteilung, in: Rosenstiel/Regnet/Domsch (Hrsg.), S. 193-203

Sulanke, H.-E. (1997): Change Prozess – Von der Rationalisierung zum Kulturwandel, in: Personalführung 3/97, S. 200-204

Thom, N.; Blunck, T. (1992): Strategisches Weiterbildungs-Controlling, in: Landsberg, v.,G./Weiss, R.(Hrsg.)(1992), Bildungscontrolling, Stuttgart, S. 35-50

Thomas, A. (1995): Mitarbeiterführung in interkulturellen Arbeitsgruppen, in: Rosenstiel/Regnet/Domsch (Hrsg.), S. 485-504

Thomas, A.; Hagemann, K. (1996): Training interkultureller Kompetenz, in: Bergemann/ Sourisseaux, S. 173-200

Thommen, J.-P.; Achleitner, A.-K. (1998): Allgemeine Betriebswirtschaftslehre. Umfassende Einführung aus managementorientierter Sicht, 2. Aufl., Wiesbaden

Trompenaars, F. (1993 a): Riding the waves of culture, London

Trompenaars, F. (1993 b): Cross-Cultural Management. The Human Side of International Management. Video Management, Brussels

Tsang-Feign, C. (1996): Living abroad, Auszug aus Kapitel 3 (Children Abroad), WWW-Zugriff am 1. September 1999: http://www.criterionworld.com/abroad

Tuckmann, B.W. (1965): Development Sequence in small groups, in: Psychological Bulletin, vol. 63, S. 384-399, zitiert bei Mullins (1999)

Tung, R.L. (1982): Selection and Training Procedures of U.S., European and Japanese Multinationals, in: California Management Review, Jg. 25, Nr. 1, S. 57-71, zitiert bei Weber et al. (1998)

Tung, R.L. (1999): Exploring International Assignees' Viewpoints. A Study of the Expatriation/Repatriation Process, Executive Summary von Arthur Andersen (via e-mail)

Tylor, E.B. (1871): Origin of Culture, New York, zitiert bei Dadfar/Moberg/Törnvall

U.S. Department of State (1999): July 1999 - Quarterly Report. Hardship Differentials. WWW-Zugriff am 9.11.1999: http://www.state.gov/

UBS (1999): Vergleich von Einkommen und Arbeitszeiten von Abteilungsleitern, veröffentlicht von der Schweizerischen Bankgesellschaft, WWW-Zugriff am 6. November 1999: http://www.ubs.com

Vance, C.M.; Paderon;e.S. (1993): An ethical argument for host country workforce training and development in the expatriate assignment, in: Journal of Business Ethics, vol. 12 No. 8, Aug. 1993, S. 635-641

Wacker, W.H. (1996): Steuerliche Probleme bei der Entsendung von Führungskräften ins Ausland, in Macharzina/Wolf (Hrsg.), S. 421-439

Weber, U. (1998): Gute Reise! Steuer, Versicherung, Umzug - vor einem Auslandsaufenthalt gibt es jede Menge zu klären. Entscheidend für jeden Manager: der Entsendungsvertrag, in: managermagazin, Juli 1998, S. 240-242

Weber, W.; Festing, M.; Dowling, P.; Schuler, R. (1998): Internationales Personalmanagement, Wiesbaden

Weinert, A. B. (1998): Organisationspsychologie, 4., vollständig überarbeitete Aufl., Weinheim

Weitbrecht, H. (1992): Karriereplanung, Individuelle, in: Gaugler/Weber (Hrsg.): Handwörterbuch des Personalwesens, 2. neubearb. und ergänzte Auflage, Stuttgart, Sp. 1114-1126

Wiig, R. (1999): Teaching business students intercultural communication: An experiment in skills acquisiton, in: Knapp et al., S. 299-311

Wirth, E. (1992): Mitarbeiter im Auslandseinsatz, Wiesbaden

Wirth, E. (1996): Vergütung von Expatriates, in Macharzina/Wolf (Hrsg.), S. 373-398

Wirth, E. (1998): Vorbereitung auf internationale Einsätze, in: Kumar/Wagner (Hrsg.), S. 153-174

Wisser, L. (1999): Persönliche Auskünfte von Dr. Lutz Wisser, Steuerberater in Hamburg

Wolf, J. (1997): Strategische Orientierungen und Koordination des Personalmanagements in internationalen Unternehmen, in: DBW 3/1997, S. 357-375

Wunderer, R. (1993): Von der Personaladministration zum Wertschöpfungscenter, in: Schweizerische Gesellschaft für Personalfragen, Mitteilungen, Nr. 2, S. 3 ff., zitiert bei Thommen/Achleitner (1998, 584)

Stichwortverzeichnis

A

Abordnung 2
Anforderungsprofil 12, 13
Anreize 5, 89, 90, 97
Arbeitsbewertung 94
Arbeitsrechtsschutz 32, 33
Arbeitsvertrag 2, 31, 32, 33
Assessment-Center 23, 24, 26, 27, 28, 105, 131
Auslandszulage 99, 126
Auswahlgespräch 25
Auswahlverfahren 23, 24

B

Balance Sheet 93
Beendigungsgründe 116
Befristete Versetzung 3
Besteuerung 37, 38
Betriebsrat 32, 39
Beurteilung 5, 42, 83, 84, 85, 86, 88, 131
Beurteilungsfehler 83, 88
Beurteilungsverfahren 26, 84, 86

C

Clubbeiträge 41
Contra-Kulturschock 118

D

Debriefing 121
Dienstreise 2
Doppelbesteuerungsabkommen 38
Dual Career Couple (DCC) 29

E

Efficient Purchaser Index 96
Einführung neuer Mitarbeiter 57, 58
EPRG-Modell 9, 10, 127
Erschwerniszulage 93, 99, 102, 103, 128
Erwartungsenttäuschung 119
Ethnozentrisch 10
Expatriate 3, 4, 5, 7, 9, 30, 31, 32, 33, 36, 37, 38, 41, 43, 44, 46, 47, 48, 51, 54, 55, 57, 58, 60, 61, 63, 64, 65, 66, 67, 68, 85, 92, 93, 96, 98, 99, 100, 111, 112, 113, 114, 116, 120, 121, 123, 124, 126, 129, 131, 132
Expatriatemanagement 67, 83, 85, 90, 92, 124, 126, 128, 130

F

Fachkompetenz 13
Familie 31, 53, 64, 66, 96, 115
Flexibilität 15, 29, 78, 125, 126
Führung 53, 64, 67, 68, 70, 71, 72, 73
Führungsstile 67, 68

G

Genfer Schema 94
Geozentrisch 10
Gesundheit 50, 110

H

Human Development Index 100, 101
Human-Resources-Cycle 3

I

Individualisierung 126
Informationsorientierte Vorbereitung 43
Interkulturelle Arbeitsgruppen 77
Interkulturelle Kompetenz 14
Internationale Stellenbesetzung 10

Internationalisierungsstufen 7, 9

J

Jobbörsen 22

K

Karrierenachteile 29
Kaufkraftausgleich 96, 99, 102, 103, 128
Kinder 16, 30, 41, 51, 65, 66, 91, 98, 110, 115, 126
Klientenschutz 21
Kommunikation 27, 47, 64, 73, 74, 75, 76, 85
Kostenarten 128
Kultur 44, 46, 48, 49, 50, 55, 72, 74
Kulturassimilator 47
Kulturdimensionen 43, 46, 47, 48, 74, 79, 80, 86
Kulturschock 55
Kundenorientierung 125, 126

L

Liaison Officer 9
Look-and-See-Trip 44
Loyalitätstypen 61

M

Mentor 58, 112
Methodenkompetenz 13
Mikropolitik 107
Mobilitätszulage 93, 97, 98, 99, 102, 103
Motivation 53, 59, 60, 63, 64, 112
Motivierung 59, 64
Multikulturelle Teams 77, 78

N

Nettovergleichsrechnung 89, 93, 94, 101
Networking Visit 121

O

OECD-Musterabkommen 38
Open Resourcing 19

P

Personalberater 16, 20, 131
Personalbeschaffung 4, 16, 18, 106
Personalcontrolling 125
Personalentwicklung 1, 5, 12, 105, 106, 107, 109, 110, 112, 113, 114, 129, 131
Personalentwicklungsmaßnahmen 105, 106, 107, 108, 110, 111, 112, 113
Personalnachfolgeplanung 17, 18
Personalreferat Ausland 130, 131
Personalsuche durch soziale Netzwerke 19
Polyzentrisch 10

R

Regiozentrisch 10
Reintegration 118, 119, 122
Reiseregelung 40
Relocation Service 50, 121, 131
Repatriierung 5, 118
Richtlinien 57, 124, 131
Rückkehr 29, 32, 33, 42, 98, 115, 116, 117, 118, 119, 121

S

Schule 41, 51, 58
Sicherheitsmaßnahmen 62
Soziales Kapital 129
Sozialkompetenz 13, 106
Sozialversicherung 34, 35, 36, 93, 102, 128
Sprachtraining 50
Sprecherausschuss 40
Stellenanzeige 21, 123
Stellenausschreibungen 18, 19
Strategiekonsistenz 125, 127

T

Teamentwicklungsmodell 78
Transition 54
Transpatriate 92

U

Umzug 32, 51, 52, 128
Umzugsregelung 41

V

Vergütungssystem 89, 90

Virtueller Auslandseinsatz 129
Vorurteilsmatrix 80

W

Weltbetriebsrat 125
Wertschöpfungskette 1, 2
Wiedereingliederung 114, 115, 117, 120, 121
Wirtschaftlichkeit 125, 126, 128, 131

Z

Zusatzversicherungen 32, 36, 37

EDITION MLP

Hans-Peter Stahl/Wolfgang Stahl

Effizient studieren: Wirtschaftswissenschaften an Fachhochschulen

1998, XVI, 337 Seiten, Broschur, DM 32,80
ISBN 3-409-13636-3

Soll ich an einer Universität oder Fachhochschule studieren?
Welche Spezialfächer sind am aussichtsreichsten?
An welcher nationalen oder internationalen Fachhochschule soll ich studieren?
Auf welche Studienleistungen kommt es im Beruf an?
Wie bereite ich meinen Berufseinstieg am besten vor?

Erfahrene Experten aus Studienberatung und Praxis stellen ihr Insider-Know-how für Ihre Studienplanung zur Verfügung. Sie beantworten ihnen alle Fragen zur zukunftsorientierten Wahl der Fachhochschule, zur Studienplanung, zum wissenschaftlichen Arbeiten, zu praxisrelevanten Spezialfächern, zu internationalen Studiengängen und deren Anerkennung im europäischen Binnenmarkt. Sie geben Ihnen alle wichtigen Informationen und wertvolle Tipps für ein erfolgreiches Studium und den aussichtsreichsten Berufseinstieg.

Nur wer als Student den wachsenden Herausforderungen gerecht wird und die richtigen Antworten auf die entscheidenden Fragen findet, wird sein Ziel erreichen. Mit diesem aktuellen Insider-Ratgeber kann jeder Student der Betriebswirtschaftslehre, Volkswirtschaftslehre, des Wirtschaftsingenieurwesens und aller angrenzenden Studiengänge seinen Erfolg optimieren.

Betriebswirtschaftlicher Verlag Dr. Th. Gabler GmbH, Abraham-Lincoln-Str. 46, 65189 Wiesbaden

MIX
Papier aus verantwortungsvollen Quellen
Paper from responsible sources
FSC® C105338

If you have any concerns about our products,
you can contact us on
ProductSafety@springernature.com
In case Publisher is established outside the EU,
the EU authorized representative is:
**Springer Nature Customer Service Center GmbH
Europaplatz 3, 69115 Heidelberg, Germany**

Printed by Libri Plureos GmbH
in Hamburg, Germany